DIEDERICHS
GELBE REIHE

Das Totenbuch der Tibeter

Herausgegeben
von Francesca Fremantle
und Chögyam Trungpa

Übersetzt von
Stephan Schuhmacher

Eugen Diederichs Verlag

Originaltitel: The Tibetan Book of the Dead.
The Great Liberation Through Hearing In The Bardo

Die Deutsche Bibliothek – CIP-Einheitsaufnahme
Das Totenbuch der Tibeter / hrsg. von Francesca Fremantle und
Chögyam Trungpa. Übers. von Stephan Schuhmacher. –
15. Aufl. – München : Diederichs, 1993
(Diederichs Gelbe Reihe ; 6 : Tibet)
Einheitssacht.: Bardo thödol ‹dt.›
ISBN 3-424-00506-1
NE: Fremantle, Francesca [Hrsg.]; EST; GT

15. Auflage 1993

Umschlaggestaltung: Zembsch' Werkstatt, München
Produktion: Tillmann Roeder, München
Gesamtherstellung: Presse-Druck Augsburg
Printed in Germany

ISBN 3-424-00506-1

Seiner Heiligkeit dem XVI. Gyalwa Karmapa
Rangjung Rigpi Dorje gewidmet

Inhalt

Vorwort

Das Bardo Thödol (Tibetisch: bar-do 'i-thos-grol) ist ein Text aus einer Gruppe von Unterweisungen über sechs Arten der Befreiung: Befreiung durch Hören, Befreiung durch Tragen, Befreiung durch Sehen, Befreiung durch Erinnern, Befreiung durch Schmecken und Befreiung durch Berühren. Diese Unterweisungen wurden von Padmasambhava verfaßt und von seiner Frau, Yeshe Tsogyal, zusammen mit dem Sādhana der beiden Mandalas der zweiundvierzig friedlichen und der achtundfünfzig rasenden Gottheiten aufgezeichnet.

Padmasambhava vergrub diese Texte bei den Gampo-Hügeln in Zentraltibet, in denen später der große Lehrer Gampopa sein Kloster gründete. Viele andere Texte und heilige Geräte wurden gleichermaßen an verschiedenen Orten in ganz Tibet vergraben und sind deshalb als Terma, »verborgene Schätze«, bekannt. Padmasambhava gab an seine fünfundzwanzig Hauptschüler die Kraft weiter, diese Termas aufzufinden. Die Bardo-Texte wurden später von Karma-Lingpa, einer Inkarnation eines dieser Schüler, wiedergefunden.

Befreiung heißt in diesem Fall, daß wer immer mit dieser Lehre in Berührung kommt – und sei es auch nur in der Form des Zweifels oder auch mit unvoreingenommenem Geist – durch die in diesen Schätzen enthaltene Macht der Überlieferung einen plötzlichen Schimmer der Erleuchtung erfährt.

Karma-Lingpa kam aus der Nyingma-Tradition, seine Schüler jedoch gehörten alle zur Kagyü-Tradition. Er gab die erste Überlieferung der sechs Befreiungslehren an Dödül-Dorje, den dreizehnten Karmapa, der sie wiederum an Gyurme-Tenphel, den achten Trungpa weitergab. Diese Überlieferung blieb in den Surmang-Klöstern der Trungpa-Linie lebendig, von wo aus sie sich wieder zurück in die Nyingma-Tradition ausbreitete.

Der Schüler dieser Lehre übt das Sādhana und studiert die Texte, um mit den beiden Mandalas als Teil seiner eigenen Erfahrung ganz vertraut zu werden.

Ich erhielt diese Überlieferung im Alter von acht Jahren und wurde von meinen Erziehern, die mich auch im Umgang mit sterbenden Menschen anleiteten, im Sinne dieser Lehre geschult. Das bedeutet, daß ich von jener Zeit an etwa viermal in der Woche sterbende oder tote Menschen besuchte. Solch unablässige Begegnung mit dem Vorgang des Sterbens, vor allem dem der eigenen besten Freunde und Verwandten, wird für die Schüler dieser Tradition als äußerst wichtig angesehen. Auf diese Weise bleibt die Vorstellung der Vergänglichkeit keine philosophische Ansicht, sondern wird zur lebendigen Erfahrung.
Dieses Buch ist ein weiterer Versuch, diese Lehre den Schülern im Westen zugänglich zu machen. Ich hoffe, daß in naher Zukunft auch das Sādhana übersetzt werden kann, damit diese Tradition in ihrer Gesamtheit fortgesetzt werden möge.

Chögyam Trungpa, *Rinpoche*

Einleitung

Es hat sich ergeben, daß diese Einleitung im Rumtek Kloster in Sikkim geschrieben wird. Vom Kloster blickt man über das Tal nach Gangtok, wo vor einem halben Jahrhundert die erste englische Version des Bardo Thödol von Kazi Dawa-Samdup übersetzt und von W. Y. Evans-Wentz herausgegeben wurde. Eine weitere Verbindung stellt die Tatsache dar, daß diese neue Übersetzung (die englische Originalausgabe) als Teil einer Schriftenreihe erscheint, die Herrn Evans-Wentz gewidmet ist.

Die Arbeit von Kazi Dawa-Samdup und W. Y. Evans-Wentz ist so bekannt und löste ein solch großes Interesse am Buddhismus aus, daß man fragen mag, ob eine neue Fassung überhaupt nötig sei. Einen Teil der Antwort gibt Evans-Wentz in seiner eigenen Einleitung, die ›den Pionier-Charakter der Arbeit‹ betont. Seit jener Zeit, besonders nach der Flucht vieler der höchsten Lamas aus Tibet, ist das Ausmaß der Information über den tibetischen Buddhismus und das Interesse daran beträchtlich gewachsen. Er ist nicht mehr nur Thema akademischer Studien, sondern eine lebendige Tradition, die nun im Westen Wurzeln schlägt. So wird eine neue Auffassung der Übersetzungsarbeit möglich, die der praktischen Anwendung des Textes und der Vermittlung seines vitalen und unmittelbaren Charakters besonderes Gewicht beimißt.

Im Sommer 1971 hielt Chögyam Trungpa, Rinpoche, in der ›Tail of the Tiger Contemplative Community‹ in Vermont ein Seminar mit dem Titel *Das Totenbuch der Tibeter*, welches in diesem Band als Kommentar zum Totenbuch enthalten ist. Während des Seminars benutzte er einen tibetischen Text, während die Zuhörerschaft ihm anhand der Evans-Wentz Ausgabe folgte. Da immer wieder Fragen zur Übersetzung und zum Stil des Ausdrucks auftauchten, wurde beschlossen, eine neue Version zu erarbeiten. Als Grundlage für diese Übersetzung wurden die von E. Kalsang herausgegebene tibetische Ausgabe (Varanasi, 1969) sowie drei Blockdrucke benutzt. Ein paar geringfügige Auslassungen und Irrtümer wurden im Rückgriff auf die Blockdrucke korrigiert, doch weisen die vier Texte keinerlei Abweichungen in den wesentlichen Punkten auf. So ist es doch recht überraschend, hier beträchtliche Widersprüche zur früheren Übersetzung zu finden. Ohne auf alle Einzelheiten einzugehen, sollen einige der besonders auffallenden Punkte erwähnt werden.

Kazi Dawa-Samdup hat in der Übersetzung des öfteren den Wortlaut des Originals verändert, da er ihn als fehlerhaft ansah. In den Anmerkungen führt der Herausgeber die benutzten tibetischen Texte an – ein Manuskript und einen Blockdruck – und fügt oft hinzu, der Übersetzer habe gewisse Irrtümer korrigiert. Mit den meisten dieser Veränderungen wurde offenbar angestrebt, das System der Entsprechungen von Gottheiten, symbolischen Farben usf. mit den Systemen, die sich in anderen Texten finden, in Übereinstimmung zu bringen. (Die von Francesca Freemantle an dieser Stelle angeführten Unstimmigkeiten in der englischen Ausgabe der Version von W. Y. Evans-Wentz, Oxford University Press, 1960, wurden von Lama Anagarika Govinda in der von ihm neubearbeiteten deutschen Ausgabe z. T. im Text berichtigt, oder aber in den Fußnoten angemerkt. Anm. d. Übs.)

In der buddhistischen Ikonographie findet sich jedoch keine absolute Übereinstimmung. Offensichtliche Unregelmäßigkeiten, wie in diesen Fällen, sind häufig, und es gibt immer einen Grund dafür. In allen Fällen stimmen unsere vier Texte mit dem Blockdruck von Evans-Wentz, in den meisten Fällen auch mit seinem Manuskript überein, so daß diese Übereinstimmung mit großer Wahrscheinlichkeit auf die korrekte Fassung des Textes hindeutet.

Andere Unterschiede der beiden Übersetzungen bestehen in der Behandlung der spezifisch buddhistischen Terminologie. Die ursprünglichen Schriften des Buddhismus sind in Sanskrit oder Pāli (das sich aus dem Sanskrit herleitet) geschrieben und wurden seit etwa dem siebenten Jahrhundert ins Tibetische übersetzt. Zu jener Zeit war die tibetische Sprache noch

von keinem hochentwickelten Denksystem beeinflußt, weshalb das buddhistische System ohne allzu große Schwierigkeiten übernommen werden konnte. Tatsächlich wurde sogar zur Übermittlung der buddhistischen Lehren eine neue philosophische Sprache geschaffen. Diese Texte in eine europäische Sprache des zwanzigsten Jahrhunderts zu übersetzen, stellt jedoch eine völlig andere Situation dar. Das westliche Denken hat sich in ganz anderen Bahnen als das östliche entwickelt. Wählt man also ein Wort aus dem Vokabular der europäischen Philosophie oder Religion, so wird es unvermeidlich alle möglichen Assoziationen und Implikationen enthalten, die den zugrundeliegenden buddhistischen Vorstellungen durchaus fremd sein mögen. Umgekehrt mag der volle Bedeutungsspielraum eines Sanskritwortes sich nicht durch ein einziges Wort einer westlichen Sprache wiedergeben lassen. In solchen Fällen würde das entsprechende Wort im Englischen oder Deutschen genauso vieler Erklärung bedürfen wie das Original, während das Sanskritwort jedoch den Vorteil hat, von möglicherweise irreführenden Assoziationen im Denken des Lesers frei zu sein.
Gewisse Ausdrücke sind deshalb in Sanskrit, ihrer ursprünglichen Sprache wiedergegeben, obwohl das Bardo Thödol in tibetischer Sprache geschrieben wurde. Ebenso sind die Namen der Gottheiten in Sanskrit gegeben, da sie in dieser Form bekannter sind und in anderen Texten leichter wiedererkannt werden können. Dieser Vorgehensweise folgten oft auch die tibetischen Übersetzer, im Falle des Totenbuches jedoch nicht durchgängig.
Es mag unkonsequent erscheinen, daß zwei tibetische Wörter verwendet werden, so ›Bardo‹ selbst und das Wort ›Yidam‹. Ein Grund ist, daß diese Wörter am einfachsten zu gebrauchen sind, und daß sie zum anderen der am Buddhismus interessierten Leserschaft vertraut sind. Die mögliche Übersetzung von Bardo als ›Zwischenzustand‹ wirkt in häufiger Wiederholung unschön, genauso wie das Sanskrit-Wort ›Antarābhāva‹, das zudem ein ungewöhnlicher Ausdruck ist, da diese Lehre mehr in Tibet als in Indien beheimatet ist. Yidam

hat im tibetischen Buddhismus ganz andere Implikationen als das Sanskritwort Istadevatā, welches die ›auserwählte Gottheit‹ im Hinduismus bezeichnet. Man hat Yidam als ›Schutzgottheit‹ übersetzt (ein Ausdruck, der eher der Beschreibung der Dharmapālas vorbehalten sein sollte) oder auch als ›betreuende Gottheit‹, aber alle diese Ausdrücke erwecken den Anschein, daß es sich dabei um äußere Wesenheiten handelt, die als persönliche Beschützer oder Helfer wirken, während die wahre Bedeutung von Yidam ganz innerlich und psychologisch ist. Der Yidam ist ein Ausdruck des eigenen fundamentalen Wesens, das in einer göttlichen Form vorgestellt wird, damit man sich darauf beziehen und seine ganze latente Kraft ausdrücken kann.

Es ist auffällig, daß einige der Wörter, die am besten geeignet sind, die Lehren des Buddhismus auszudrücken, Bestandteile der Sprache der modernen Psychologie sind. Die Einstellungen mancher Schulen der westlichen Psychologie kommen dem Buddhismus oft näher als die der westlichen Philosophie und Religion.

Die Vorstellung der Sünde zum Beispiel wird unvermeidlich mit der Erbsünde in Verbindung gebracht, mit Schuld und Sühne, die in den meisten östlichen Lehren keinen Platz haben. Der Buddhismus sucht statt dessen nach der letzten Ursache von Sünde und Leid und entdeckt, daß es der Glaube an ein Selbst oder Ich als Zentrum der Existenz ist. Dieser Glaube wird nicht von einem eingeborenen Übel verursacht, sondern ist Folge der Unbewußtheit, des Unwissens um das wahre Wesen des Seins. Da wir die Gesamtheit des Lebens von diesem falsch zentrierten Gesichtspunkt her erleben, können wir die Welt nicht erkennen, wie sie wirklich ist. Dies ist gemeint, wenn gesagt wird, die Welt sei unwirklich. Das Heilmittel ist, die Illusion zu durchschauen, die Leere – das Nichtvorhandensein dessen, was unwahr ist – zu erkennen. Untrennbar von der Leere ist das Licht – das Vorhandensein dessen, was wirklich ist – der Urgrund, in dem das Spiel des Lebens stattfindet.

Begriffe wie Konditionierung, neurotische Gedankenstrukturen und unbewußte Einflüsse scheinen in diesem Buch angebrachter als konventionelle religiöse Begriffe. Im Kommentar werden Wörter wie Neurose und Paranoia gebraucht, nicht um pathologische Umstände, sondern um die natürlichen Folgen dieses zugrundeliegenden Geisteszustandes zu beschreiben. ›Projektionen‹ stehen für unsere Art, die Dinge zu sehen, nämlich gefärbt von unseren Einstellungen. Im Haupttext wird damit ein tibetisches Wort (snang) übersetzt, das grundsätzlich ›Licht‹ oder ›Erscheinung‹ bedeutet, sowohl innerlich als auch äußerlich, und das Kazi Dawa-Samdup mit ›Gedankenform‹ oder ›Vision‹ übersetzt. ›Projektion‹ überwindet diese Unterscheidung zwischen dem Subjektiven und dem Objektiven.

Ein ganz kurzer Abriß der für dieses Buch bedeutsamen buddhistischen Psychologie mag als Grundlage für die ausführlichen Erklärungen im Kommentar von Nutzen sein. Die Entwicklung des ego-zentrischen Zustandes des Seins wird im System der fünf Skandhas analysiert. Skandha ist wörtlich ein Haufen oder eine Gruppe, aber seine Bedeutung ist besser wiedergegeben mit ›psychologische Komponente‹.

Die erste Komponente ist Form (Rūpa), der Anfang von Individualität und getrennter Existenz und die Aufspaltung der Erfahrung in Subjekt und Objekt. Jetzt gibt es ein primitives ›Ich‹, das sich einer äußeren Welt bewußt ist. Sobald dies eintritt, reagiert das Ich auf seine Umgebung: dies ist die zweite Stufe, Empfindung (Vedanā). Es ist noch nicht voll entwickeltes Gefühl, nur instinktive Zuneigung, Abneigung oder Indifferenz. Es wird jedoch sofort komplexer, indem sich nämlich die zentralisierte Wesenheit nicht nur durch passives, sondern durch aktives Reagieren selbst behauptet. Das ist die dritte Stufe, Wahrnehmung (Samjñā) im eigentlichen Sinne, wenn das Ich sich eines Reizes bewußt ist und automatisch darauf reagiert. Die vierte Komponente ist Geistesregung (Samskāra), welche die intellektuelle und emotionale Aktivität der Interpretation umfaßt, die auf die Wahrnehmung folgt. Sie setzt die Dinge zusammen und baut die Strukturen der Persönlichkeit und des Karma auf. Und schließlich gibt es das

Bewußtsein (Vijñāna), welches alle Sinneswahrnehmungen und den Geist zusammenfaßt. Das Ich ist nun ein ganz für sich bestehendes vollständiges Universum geworden; anstatt die Welt direkt wahrzunehmen, wie sie ist, projiziert es seine eigenen Bilder um sich herum.

Die fundamentale Lehre dieses Buches ist die Erkenntnis der eigenen Projektionen und die Auflösung der Empfindung eines Ich im Licht der Wirklichkeit. Sobald dies geschehen ist, verkehren sich die fünf psychologischen Komponenten des verblendeten oder unerleuchteten Geisteszustandes in Faktoren der Erleuchtung. Sie werden in ihre transzendentalen oder geläuterten Formen umgewandelt, die während der ersten fünf Tage des ›Bardo der Dharmatā‹ erscheinen.

Während dieser visionären Erfahrungen erscheinen auch die sechs Daseinsbereiche. Es sind dies die sechs Hauptzustände des verblendeten Geistes; im Kommentar sind sie ausführlich beschrieben. Jeder dieser Zustände erscheint zusammen mit seiner Alternative, der Möglichkeit, jene besondere Besessenheit aufzugeben, vom Festhalten an der Sicherheit einer zentralisierten Wesenheit abzulassen und statt dessen in die entsprechende Manifestation der Weisheit aufzugehen.

Diese ›Weisheiten‹ sind die Mandalas der fünf Tathāgatas. Tathāgata heißt wörtlich der ›So-gegangene‹ und kann umschrieben werden mit ›der, der mit dem Wesen dessen, was ist, einsgeworden ist‹. Tathāgata ist synonym mit Buddha, dem ›Erwachten‹ und Jina, dem ›Siegreichen‹. Die fünf Tathāgatas sind also die fünf Hauptformen der Energie des Buddha-Wesens, des völlig erwachten Bewußtseins. Die Eigenschaften, die sie verkörpern, sind die fünf Weisheiten, aber im Samsāra – der Welt oder der Geistesverfassung, in der wir leben – erscheinen diese Energien als fünf Gifte oder verblendete Gefühle. Jedes Ding in der Welt – alle Lebewesen, Orte, Ereignisse und so weiter – besitzt eine überwiegende Charakteristik, die es mit einer der fünf Eigenschaften verbindet; deshalb sind diese auch als die fünf Familien bekannt.

Der erste der fünf Tathāgatas, im Zentrum des Mandalas plaziert, ist Vairocana. Er repräsentiert das Grundgift der Verblendung oder des Unverstandes, der absichtlich nicht-versteht, und aus dem sich alle anderen Gifte entwickeln. Aber er ist auch die Weisheit des Dharmadhātu, des grenzenlosen, alldurchdringenden Raumes, in dem jedes Ding existiert, wie es wirklich ist. Dies ist die Umkehrung des Unverstandes, der Unwissenheit. Da Vairocana die Ausgangs- und Zentralfigur ist, ist seine Familie einfach als die Tathāgata- oder Buddha-Familie bekannt, wobei die Namen wieder das Gegenteil der Unwissenheit darstellen.

Der zweite Tathāgata ist Aksobhya auf der östlichen Seite des Mandala, die, der indischen Tradition folgend, unten dargestellt wird. In anderen Texten kann Aksobhya im Zentrum und Vairocana im Osten erscheinen, so daß sich oft einige Abänderungen ihrer Attribute finden; daher erscheinen sowohl die weiße als auch die blaue Farbe am ersten und am zweiten Tag und sind gelegentliche Unregelmäßigkeiten in der Mandalastruktur offensichtlich. Aksobhya ist der Herrscher der Vajra-Familie, deren Gift Aggression oder Haß ist. Diese werden in die Spiegelgleiche Weisheit umgewandelt, die jedes Ding gelassen und unkritisch reflektiert.

Im südlichen Teil des Mandalas, der auf der linken Seite abgebildet wird, findet sich Ratnasambhava, der Herrscher der Ratna-Familie. Ratna bedeutet Juwel, besonders das wunscherfüllende Juwel, das die Befriedigung jeden Verlangens garantiert. Das entsprechende Gift ist Stolz, der aus dem Besitz aller erdenklichen Reichtümer entsteht. Sein Gegenmittel ist die Weisheit der Gleichheit und des Gleichmuts.

Oben, im Westen, kommt Amitābha, dessen Familie die Padma- oder Lotus-Familie ist. Er symbolisiert Leidenschaft und Verlangen, die hungrig nach allen Dingen greifen. Die Weisheit, welche diesem Gift entspricht, ist Unterscheidung, aus der die Zurückhaltung und Losgelöstheit kommen, mit denen Leidenschaft in Mitleid umgewandelt wird.

Schließlich haben wir auf der rechten, nördlichen Seite Amoghasiddhi aus der Karma-Familie. Karma heißt hier Handeln und wird von einem Schwert oder einem Doppel-Vajra symbolisiert. Neid ist das mit Karma verbundene Gift;

er entsteht aus dem unersättlichen Ehrgeiz, der diese Art von Handeln treibt. Der erleuchtete Aspekt ist die Allesvollendende Weisheit.

Die fünf Tathāgatas besitzen viele andere Attribute, welche im Kommentar beschrieben und erläutert werden. Sie sind jeweils auch von ihrem weiblichen Aspekt und von Bodhisattva-Emanationen begleitet.

Während die Buddhas die transzendentalen Eigenschaften der Erleuchtung verkörpern, welche jenseits des Lebensstromes existieren, ist das Bodhisattva-Prinzip das einer aktiven Anteilnahme zum Wohle aller Lebewesen. Man könnte die Bodhisattvas als die Aktivitäten der fünf Weisheiten verstehen. Die weibliche Energie stellt das fruchtbare Element, welches die Weisheiten vervollständigt und ihre völlige Manifestation ermöglicht. Diese und alle anderen Gottheiten, welche in diesem Buch auftauchen, könnte man als Ausdrucksformen der Welt im Lichte der Wirklichkeit beschreiben. Sie verkörpern die verschiedenen Energie-Manifestationen, welche wir als Gesamtheit unserer physischen, mentalen und emotionalen Existenz erfahren. Obwohl wir unser Leben normalerweise nicht in der Form von Energien wahrnehmen, sind uns ihre Wirkungen jedoch allezeit gewärtig. In seinem Kommentar übersetzt Trungpa Rinpoche sie in eine Sprache, die wir leichter erkennen können, – Emotionen, Eigenschaften, Umwelt, Lebensweisen, Handlungen und Ereignisse.

So spricht dieses Buch, obwohl es angeblich für die Toten geschrieben ist, in Wirklichkeit vom Leben. Der Buddha selbst diskutierte nie, was nach dem Tode geschehe, da solche Fragen für die Suche nach der Wirklichkeit hier und jetzt keinen Nutzen hätten. Die Doktrin der Reinkarnation jedoch, der sechs Arten der Existenz und des dazwischen liegenden Bardo-Zustandes, bezieht sich sehr wohl auf dieses Leben, ob sie nun genauso nach dem Tode zutreffen oder nicht. Es wird oft betont, man lese das Bardo Thödol einem Toten zu dem Zweck vor, ihn an das zu erinnern, was er während seines Lebens praktiziert hat. Dieses ›Totenbuch‹ kann uns zeigen, wie wir leben sollten.

Francesca Fremantle

Kommentar
von Chögyam Trungpa, Rinpoche

Es scheint ein grundsätzliches Problem aufzutauchen, wenn wir auf das Thema des ›Totenbuches der Tibeter‹ zu sprechen kommen. Versucht man es mit dem ›Ägyptischen Totenbuch‹ in Begriffen der Mythologie und der Überlieferung gestorbener Menschen zu vergleichen, dann wird man wohl den Kernpunkt verfehlen, welcher im fundamentalen Prinzip der dauernden Wiederkehr von Geburt und Tod in diesem Leben besteht. Man könnte das Buch auch als das ›Tibetische Buch der Geburt‹ bezeichnen. Das Buch gründet nicht auf dem Tod als solchem, sondern auf einer völlig verschiedenen Auffassung des Todes. Es ist ein ›Buch des Raumes‹. Der Raum enthält Geburt und Tod. Er bringt die Umwelt hervor, in der wir uns verhalten, atmen und handeln; er ist die fundamentale Umgebung, welche die Inspiration für dieses Buch liefert.

Die vor-buddhistische Bön-Zivilisation von Tibet kannte sehr genaue Hinweise auf den Umgang mit der psychischen Kraft, die ein toter Mensch zurückläßt, mit den Fußstapfen oder der Temperatur sozusagen, die zurückbleiben, wenn er bereits dahingegangen ist. Es scheint, daß sowohl die Bön- als auch die ägyptische Tradition auf jener besonderen Art von Erfahrung gründet, bei der es um die Beziehung zu den Fußstapfen geht, und nicht so sehr um den Umgang mit dem Bewußtsein des toten Menschen. Das grundlegende Prinzip, das ich hier aufzuzeigen versuche, ist nämlich das der Unsicherheit von geistiger Gesundheit und Wahnsinn, von Verblendung und Erleuchtung, und der verschiedenen Möglichkeiten visionärer Entdeckungen auf dem Weg zu Gesundheit oder zum Wahnsinn.

Bardo heißt Lücke; es ist nicht nur das Intervall des nachtodlichen Schwebezustandes, sondern auch der Schwebezustand in der Lebenssituation; der Tod vollzieht sich auch in der Situation des Lebens. Die Bardo-Erfahrung ist Teil unserer grundlegenden psychologischen Struktur. Wir machen immer wieder alle möglichen Bardo-Erfahrungen, Erfahrungen der Paranoia und der Unsicherheit im Alltagsleben; es ist, als seien wir uns unseres festen Bodens nicht gewiß, als wüßten wir nicht genau, wonach wir eigentlich verlangt haben, oder in was wir da eigentlich hineingeraten. So enthält dieses Buch nicht nur eine Botschaft für jene, die bald sterben oder bereits gestorben sind, sondern auch eine Botschaft für jene, die bereits geboren sind; Geburt und Tod widerfahren jedermann andauernd, genau in diesem Augenblick.

Man kann die Bardo-Erfahrung sehen in Begriffen der sechs Seinsbereiche, durch die wir hindurchgehen, der sechs Bereiche unserer psychologischen Zustände. Und man kann sie sehen in Begriffen der verschiedenen Gottheiten, die an uns herantreten, wie in diesem Buch beschrieben. In der ersten Woche erscheinen die friedlichen Gottheiten und in der letzten Woche die rasenden; da gibt es die fünf Tathāgatas und die Herukas, und auch die Gaurīs, welche Boten der fünf Tathāgatas sind und sich in allen möglichen erschreckenden und abstoßenden Formen zeigen. Die Einzelheiten, die hier vorgeführt werden, entsprechen sehr wohl dem, was uns in unserer alltäglichen Lebenssituation widerfährt, und sind nicht nur psychedelische Erfahrungen oder Visionen, die nach dem Tode auftreten. Man kann diese Erfahrungen gänzlich in Begriffe der Lebenssituation fassen, und das wollen wir hier versuchen.

Die ganze Schilderung gründet – mit anderen Worten – auf einer anderen Art und Weise, das psychologische Bild unserer selbst anzusehen, nämlich in der Form einer praktischen meditativen Situation. Niemand wird uns retten, alles ist ganz und gar dem Individuum überlassen, der Hingabe an das, was wir sind. Gurus oder spirituelle Freunde mögen uns auf jene Möglichkeit hinweisen, aber im Grunde haben sie keine Funktion.

Woher wissen wir überhaupt, daß diese Dinge wirklich den sterbenden Menschen widerfahren? Ist irgendjemand jemals aus dem Grabe zurückgekehrt und hat uns von den Erfahrungen erzählt, die er durchgemacht hat? Jene Eindrücke sind so stark, daß jemand, der gerade erst geboren ist, Erinnerungen

an jene Zeit zwischen Tod und Geburt haben sollte; aber dann, während wir aufwachsen, wird uns das Weltbild der Eltern und der Gesellschaft eingeimpft. Wir stellen uns selbst in einen anderen Bezugsrahmen, und so verblassen die ursprünglichen tiefen Eindrücke, um nur noch gelegentlich in plötzlichen Lichtblicken aufzutauchen. Selbst dann sind wir so mißtrauisch gegen solche Erfahrungen, haben solche Angst davor, den faßbaren festen Boden des Lebens in dieser Welt unter den Füßen zu verlieren, daß wir jede Art einer unfaßbaren Erfahrung nur halbherzig behandeln oder sie gar ganz abtun. Den Lebensprozeß vom Standpunkt des Geschehens während des Sterbens anzusehen, erscheint uns wie die Beschäftigung mit einem Mythos; wir brauchen eine praktische Erfahrung dieses ständigen Bardo-Prozesses.
Es besteht ein Konflikt zwischen dem Körper und dem Bewußtsein, und es gibt die dauernde Erfahrung von Tod und Geburt. Wir kennen die Erfahrung des Bardo der Dharmatā, des Glanzes, und des Bardo des Werdens, der Wahl künftiger Eltern oder der an die Erde fesselnden Situationen. Wir haben auch ständig, in genau diesem Augenblick, die Vision der rasenden und der friedlichen Gottheiten. Sind wir offen und realistisch genug, es auf diese Weise anzusehen, dann wird die tatsächliche Erfahrung des Todes und des Bardo-Zustandes weder ein reiner Mythos noch ein außergewöhnlicher Schock sein, denn wir sind bereits damit umgegangen und haben uns an die ganze Angelegenheit gewöhnt.

Der Bardo des Augenblicks vor dem Tod

Die erste grundsätzliche Bardo-Erfahrung ist die Erfahrung der Ungewißheit darüber, ob man wirklich sterben, das heißt den Kontakt mit der materiellen Welt verlieren wird, oder ob man weiterleben kann. Diese Ungewißheit bezieht sich nicht darauf, ob man den Körper verlassen wird, sondern alleine auf den Verlust des festen Bodens; es geht um die Möglichkeit, aus der wirklichen in eine unwirkliche Welt einzutreten.
Man könnte sagen, die wirkliche Welt sei die, in der wir

Freude und Leid, Gut und Böse erfahren. Es gibt einen Akt der Einsicht, der uns Kriterien dafür liefert, wie die Dinge sind, eine grundlegende dualistische Vorstellung. Stehen wir jedoch mit diesen dualistischen Gefühlen ganz und gar auf Tuchfühlung, dann ist diese absolute Erfahrung der Dualität selbst die Erfahrung der Nicht-Dualität. Dann gibt es überhaupt kein Problem, denn dann sehen wir die Dualität aus einem vollkommen offenen und klaren Gesichtspunkt, in dem es keinen Konflikt gibt; da ist dann nur eine wunderbare umfassende Schau der Einheit. Konflikt entsteht, weil wir die Dualität einfach nicht sehen, wie sie ist. Wir sehen sie nur voreingenommen, auf eine sehr schwerfällige Art und Weise. Ja, wir sehen überhaupt nichts wirklich angemessen, und so beginnen wir uns zu fragen, ob solche Dinge wie ›wir selbst‹ und unsere Projektionen überhaupt existieren. Sprechen wir also von der dualistischen Welt als der Verblendung, so ist diese Verblendung nicht die gesamte dualistische Welt, sie ist nur halbherzig, und das läßt uns schrecklich unbefriedigt und unsicher werden; all das steigert sich immer mehr, bis wir an einen Punkt kommen, wo wir fürchten, wahnsinnig zu werden, den Punkt, an dem es Möglichkeiten gibt, die Welt der Dualität zu verlassen und in eine Art wattige, verschwommene Leere einzutreten, welche die Welt der Toten ist, der Friedhof, den es mitten im Nebel gibt.

Das Buch beschreibt, wie die Erfahrung des Todes in Begriffen der verschiedenen Elemente des Körpers immer tiefer und tiefer vordringt. Körperlich fühlst du dich schwer, wenn das Element Erde sich in Wasser auflöst, und wenn das Wasser sich in Feuer auflöst, dann merkst du, wie der Kreislauf aufhört zu funktionieren. Löst sich das Feuer in Luft auf, dann löst sich auch jedes Gefühl von Wärme oder Wachstum auf; und löst sich Luft in Raum auf, dann verlierst du das letzte Gefühl eines Kontaktes mit der physischen Welt. Schließlich, wenn sich Raum oder Bewußtsein in das zentrale Nādī auflöst, dann ist da die Empfindung eines innerlichen Lichtes, eines inneren Glanzes, dann hat sich alles ganz und gar nach innen gekehrt.

Solche Erfahrungen ereignen sich andauernd. Der greifbare, logische Zustand löst sich auf, und man weiß nicht recht, ob man Erleuchtung erlangt oder den Verstand verliert. Jedesmal, wenn es zu einer solchen Erfahrung kommt, lassen sich vier oder fünf verschiedene Stufen unterscheiden. Zuerst verschwimmt die greifbare Eigenschaft der physischen, lebendigen Logik; du verlierst, mit anderen Worten, den physischen Kontakt. Dann suchst du automatisch Zuflucht in einer funktionaleren Situation, das ist das Wasser-Element; du versicherst dich, daß dein Verstand noch funktioniert. Auf der nächsten Stufe ist dein Verstand sich nicht mehr ganz sicher, ob er noch richtig funktioniert, irgendetwas in seinem Kreislauf hört auf zu arbeiten. Der einzige Weg, sich noch auf etwas zu beziehen, ist der des Gefühls, du versuchst an jemanden zu denken, den du liebst oder haßt, an etwas sehr Lebhaftes. Die wässerige Eigenschaft des Kreislaufes arbeitet nämlich nicht mehr, und so wird die feurige Temperatur von Liebe und Haß zunehmend wichtiger. Doch auch diese löst sich langsam auf in Luft: du hast ein unbestimmtes Gefühl von Offenheit, dir entgleitet leicht die Fähigkeit der Konzentration auf Liebe oder die Erinnerung an einen geliebten Menschen. Alles kommt dir irgendwie hohl vor.
Die nächste Erfahrung ist der Glanz. Du bist bereit, aufzugeben; denn du kannst nicht mehr kämpfen, und im gleichen Moment stellt sich eine Art von Unbekümmertheit ein. Es ist, als ob Schmerz und Freude gleichzeitig auftreten, oder als ob ein starker Schwall eiskalten und kochend heißen Wassers sich gleichzeitig über deinen ganzen Körper ergießt. Es ist eine sehr intensive Erfahrung, sehr mächtig und voll, die Erfahrung der Einheit, in der Schmerz und Freude dasselbe sind. Der dualistische Kampf um den Versuch, etwas zu *sein*, ist durch die beiden widerstreitenden Kräfte des Hoffens auf Erleuchtung und der Angst vor dem Wahnsinn vollkommen verwirrt. Die beiden Extreme sind so ausgeprägt, daß es zu einer gewissen Entspannung kommen kann; und wenn du nicht mehr kämpfst, dann offenbart sich ganz von selbst der Glanz.

Der nächste Schritt ist die Erfahrung des Lichtes im täglichen Leben. Der Glanz ist der neutrale Grund oder Hintergrund, eine Lücke bei Nachlassen der Intensität. Und dann beginnt irgendeine Einsicht, diese mit dem erleuchteten Bewußtseinszustand zu verbinden, und es kommt zu einem plötzlichen Aufblitzen der meditativen Erfahrung, des Buddha-Wesens, oder, wie wir es auch nennen können, des Dharmakāya. Haben wir jedoch keine Möglichkeit, uns mit der fundamentalen Einsicht zu verbinden und beherrscht verwirrte Energie weiterhin unseren geistigen Prozeß, dann steigert sich die Energie blindlings immer mehr und fällt schließlich ab auf verschiedene Ebenen ›verdünnter Energie‹, wie man sie im Vergleich zur absoluten Energie des Glanzes nennen könnte. Eine Grundtendenz des Ergreifens beginnt sich im Zustand des Glanzes zu entwickeln, und je nach ihrer Intensität entwickelt sich daraus die Erfahrung der sechs Bereiche der Welt. Doch jene Spannung oder Anspannung funktioniert nicht ganz von selbst, ohne aktivierende Energie; so wird, mit anderen Worten, Energie zum Ergreifen verbraucht. Jetzt können wir die sechs Bereiche der Welt unter dem Gesichtspunkt verschiedenartiger Instinkte betrachten.

Der Bereich der Hölle

Wir können anfangen mit dem Bereich der Hölle; er ist der intensivste. Da ist zuerst diese Steigerung der Energien, der Emotionen, bis zu einem Crescendo, so daß wir auf einer bestimmten Stufe völlig verwirrt sind und nicht mehr wissen, ob die Energien uns oder wir die Energien kontrollieren. Dann plötzlich verlieren wir den Anschluß an dieses Wettrennen, und unser Geist gerät in einen Zustand der Leere, welcher der Glanz ist. Aus jenem leeren Zustand beginnt sich eine intensive Neigung zum Kampf zu entwickeln, und diese Paranoia bringt auch Schrecken mit sich. Ursprünglich sollten die Paranoia und der Schrecken gegen irgend etwas kämpfen, aber man weiß nicht recht, wen man eigentlich genau bekämpft;

hat sich die Sache erst einmal so weit entwickelt, beginnt sich der Schrecken gegen uns selbst zu richten. Versucht man, um sich zu schlagen, dann schlägt man nach innen, anstatt gegen die Projektionen zu kämpfen.

Es ist wie in der Geschichte von dem Einsiedler, der eine Lammkeule vor sich sah, sie ergreifen und braten wollte. Sein Lehrer hieß ihn, die Keule mit einem Kreuz zu markieren, und später fand er das Kreuz auf seiner eigenen Brust eingegraben wieder. Genau darum geht es; du glaubst, es gebe etwas außerhalb, das du angreifen, bekämpfen oder besiegen könntest. So äußert sich in den meisten Fällen der Haß. Du bist ärgerlich auf irgendetwas und versuchst, es zu zerstören. Im gleichen Moment jedoch wird dieser Prozeß selbstzerstörerisch. Er wendet sich nach innen, und du möchtest ihm gerne davonlaufen. Aber dann scheint es zu spät zu sein, du bist der Ärger selbst, und so gibt es keinen Ort, an den du entfliehen könntest. Du quälst dich ständig selbst, und das ist die Entwicklung der Hölle.

Sehr eindrucksvolle Beschreibungen der Hölle finden sich in Gampopa's *Juwelenschmuck der Befreiung*, und jede der dort symbolisch beschriebenen großen Qualen ist ein psychologisches Portrait unserer selbst. Im Bereich der Hölle wird man nicht eigentlich bestraft, man wird vielmehr überwältigt von der Umgebung des Schreckens, die beschrieben wird als Ebenen und Berge von rotglühendem Eisen und von lodernden Flammen erfüllter Raum. Selbst wenn du dich zur Flucht entschließt, mußt du über dieses brennende Metall laufen. Entscheidest du dich, nicht wegzulaufen, dann wirst du auf der Stelle in Holzkohle verwandelt. Man empfindet eine ungeheure Platzangst, von überall her strahlt Hitze. Die ganze Erde verwandelt sich in heißes Metall, Flüsse werden zu geschmolzenem Eisen und der ganze Himmel ist von Feuer durchtränkt.

Die andere Art von Hölle ist das genaue Gegenteil: eine überwältigende Erfahrung von Kälte und Schnee, eine eisige Welt, in der alles völlig frosterstarrt ist. Dies ist eine andere Art von Aggression, die Aggression, die sich ganz und gar weigert, zu kommunizieren. Es ist eine Art von Unwille, der gewöhnlich aus übersteigertem Stolz entsteht; und der Stolz wird zu einer eiskalten Umgebung, die, verstärkt durch Selbstgerechtigkeit, immer mehr in uns eindringt. Sie macht es uns unmöglich zu tanzen, zu lächeln oder die Musik zu hören.

Der Bereich der Hungrigen Geister

Dann gibt es einen anderen Bewußtseinsbereich, den der Pretas oder Hungrigen Geister. Zu Anfang geraten wir in den Zustand des Glanzes, indem wir diesmal nicht Aggression, sondern heftigen Neid aufbauen. Wir haben die Empfindung von Armut und doch zugleich auch die großen Reichtums, widersprechend und doch gleichzeitig zusammenwirkend.

Im Bereich der Hungrigen Geister haben wir das Gefühl von gewaltigem Reichtum, des Sammelns vieler Besitztümer; nach allem, was du dir wünschst, brauchst du gar nicht erst zu suchen, du findest dich in seinem Besitz. Aber dies macht uns noch hungriger, noch verarmter, denn nicht nur aus dem Besitz allein, sondern auch aus dem Suchen gewinnen wir Befriedigung. Aber jetzt, da wir alles schon haben, können wir nicht hinausgehen, nach etwas suchen und es uns aneignen. Das ist ein äußerst frustrierender, ein fundamentaler, unersättlicher Hunger.

Es ist, als seist du völlig satt, so satt, daß du keinen Bissen mehr essen kannst; aber du liebst das Essen, und so beginnst du Halluzinationen des Geschmacks von Esswaren und des Genusses beim Essen zu haben, in denen du schmeckst, kaust, schluckst und verdaust. Der ganze Prozeß erscheint dir äußerst schwelgerisch, und du empfindest unmäßigen Neid auf andere Menschen, die wirklich hungrig sein und essen können.

Symbolisiert wird dies durch das Bild eines Menschen mit gigantischem Bauch, äußerst dünnem Hals und winzigem Mund. Es gibt verschiedene Stadien dieser Erfahrung, je nach Intensität des Hungers. Einige Menschen können Nahrung

ergreifen, aber dann löst sie sich auf, oder sie können sie nicht essen; andere Leute können Nahrung ergreifen und in den Mund stecken, sie aber nicht herunterschlucken; und andere wiederum können das Essen schlucken, aber sobald es in ihren Magen gelangt, fängt es an zu brennen. Es gibt alle möglichen Ausprägungen dieses Hungers, denen wir dauernd im täglichen Leben begegnen.
Die Freude des Besitzens verschafft uns keine Befriedigung mehr, sobald wir etwas erst einmal besitzen, und so bemühen wir uns dauernd, nach neuem Besitz zu suchen – das ganze Spiel fängt wieder von vorne an. Es bleibt ein dauernder quälender Hunger, der nicht auf der Empfindung von Armut beruht, sondern auf der Erkenntnis, daß wir alles schon haben und es doch nicht genießen können. Es ist jene Energie dort, der Akt des Austausches, der uns vielversprechender erscheint; es zu sammeln, es festzuhalten, es anzuziehen oder es aufzuessen. Diese Art von Energie ist ein Antrieb, aber die Tendenz des Ergreifens verdirbt ihn irgendwie. Sobald du etwas anfaßt, möchtest du es besitzen. Du freust dich nicht mehr daran, es anzufassen, sondern du möchtest es nicht mehr loslassen. Auch das ist wieder eine Art Haß-Liebe-Beziehung zu den Projektionen. Es ist wie in dem Gleichnis von Nachbars Garten, der immer grüner ist; wenn er einmal unser geworden ist, finden wir heraus, daß die Freude an seiner Schönheit, so wie wir sie zu Anfang sahen, geschwunden ist; das Romantische einer Liebesgeschichte beginnt zu verblassen.

Der Bereich der Tiere

Der Bereich der Tiere ist durch die Abwesenheit des Sinnes für Humor gekennzeichnet. Es stellt sich heraus, daß wir nicht neutral im Glanz verweilen können, und so stellen wir uns taub und stumm, spielen wissentlich unwissend, was heißt, daß man ein bestimmtes Gebiet völlig verdeckt, das Gebiet des Sinnes für Humor. Dies wird durch Tiere symbo-

lisiert, die weder lachen noch lächeln können. Freude und Schmerz sind Tieren bekannt; aber den gewissen Sinn für Humor oder Ironie kennen sie nicht.
Man könnte einen solchen Zustand entwickeln, indem man an einen gewissen religiösen Bezugsrahmen glaubt, an theologische oder philosophische Schlußfolgerungen, oder indem man ganz einfach sicher, praktisch und solide bleibt. Solch ein Mensch könnte sehr tüchtig sein, fleißig und beständig bei der Arbeit und recht zufrieden. So wie ein Bauer auf dem Land, der methodisch seinen Boden bestellt mit beständiger Aufmerksamkeit, Offenheit und Tüchtigkeit. Oder wie ein Geschäftsmann, der eine Firma leitet, oder ein Familienvater, dessen Leben glücklich, vorhersehbar und sicher ist, ohne daß je irgendetwas Geheimnisvolles ins Spiel käme. Kauft er sich irgendeinen neuen Apparat, dann ist da immer eine Gebrauchsanweisung. Hat er irgendwelche Probleme, dann geht er zum Anwalt, zum Priester oder zum Polizisten, zu Leuten, die von Berufs wegen dafür zuständig sind, und die sich ebenso sicher und bequem in ihrem Beruf fühlen. Alles ist total vernünftig und vorhersehbar und gleichzeitig äußerst mechanisch.
Der Haken dabei ist, daß es zu einem Gefühl der Paranoia, der Bedrohung kommt, sobald etwas Unbekanntes, eine unvorhersehbare Situation auftaucht. Gibt es da Leute, die nicht arbeiten, die anders aussehen, deren ganzer Lebensstil unregelmäßig ist, dann hat alleine schon die Existenz solcher Menschen etwas Bedrohliches. Alles, was unberechenbar ist, untergräbt das Fundament der festen Ordnung. Und so ist jener scheinbar gesunde und solide Zustand das Reich der Tiere.

Der Bereich der Menschen

Im menschlichen Bereich stellt sich eine andere Situation, nicht ganz die gleiche wie im tierischen, wo es um das Überleben und Dahinleben geht. Der Bereich der Menschen gründet auf Leidenschaft, dem Drang zu entdecken und zu genießen. Dies ist die Welt des Forschens und Entwickelns, des dauernden Strebens nach Bereicherung. Man könnte sagen, psychologisch sei der menschliche Bereich der immer verlangenden Eigenart der Hungrigen Geister näher, obwohl er auch ein Element des tierischen Bereiches hat, dieses Bemühen, alles vorhersehbar ablaufen zu lassen. Aber darüberhinaus ist noch etwas anderes mit dem menschlichen Bereich verbunden, eine sehr seltsame Art von Mißtrauen, welches die Leidenschaft begleitet und die menschlichen Wesen besonders schlau, durchtrieben und aalglatt macht. Sie können alle möglichen Mittel erfinden und diese auf alle möglichen raffinierten Weisen anwenden, um damit einen anderen aalglatten Menschen einzufangen, und der andere aalglatte Mensch entwickelt wiederum seine Ausrüstung von Anti-Mitteln. So bauen wir unsere Welt mit riesigem Erfolg und großer Leistung, aber diese Eskalation der Mittel und Gegenmittel entwickelt sich immer weiter und bringt neue Ursachen für Intrige und Leidenschaft ins Spiel. Und endlich sind wir nicht in der Lage, dieses große Unternehmen erfolgreich zu beenden. Wir sind der Geburt und dem Tod unterworfen. Die Erfahrung kann geboren werden, aber sie kann auch sterben; unsere Entdekkungen mögen vergänglich und zeitgebunden sein.

Der Bereich der Eifersüchtigen Götter

Der Bereich der Asuras oder Eifersüchtigen Götter ist, was die Kommunikation angeht, der höchste Bereich, eine sehr intellektbezogene Situation. Wenn du plötzlich vom Glanz getrennt bist, ist da ein Gefühl der Bestürzung, so als ob dich jemand unvermutet mitten in einer Wildnis abgesetzt hat; du tendierst dazu, dich umzuschauen und deinem eigenen Schatten zu mißtrauen – ist er wohl ein richtiger Schatten oder nur der Trick von jemand anderem? Paranoia ist eine Art von Radarsystem, das wirksamste Radarsystem, welches das Ich haben kann. Es nimmt die unscheinbarsten und winzigsten Ob-

jekte wahr und verdächtigt ein jedes; jede Erfahrung im Leben wird als etwas Bedrohliches angesehen.
Dies nennt man den Bereich der Eifersucht oder des Neids, doch geht es dabei nicht um das, was wir gewöhnlich unter Neid und Eifersucht verstehen. Es ist etwas äußerst Fundamentales, bei dem es grundsätzlich um Selbstbehauptung und Sieg geht. Anders als der menschliche oder tierische Bereich, ist dieser Bereich ganz und gar auf die Welt der Intrige ausgerichtet; es gibt nur Intrige, sie ist Hauptbeschäftigung und Unterhaltung zugleich. Es ist, als ob ein Mensch als Diplomat geboren wird, als Diplomat aufwächst und als Diplomat stirbt. Intrige und Beziehungen sind sein Lebensstil und sein ganzer Lebensunterhalt. Diese Intrige kann auf jeder Art von Beziehung gründen, auf einer emotionalen Beziehung, der Beziehung zwischen Freunden oder der zwischen Lehrer und Schüler, was immer man will.

Der Bereich der Götter

Die letzte Stufe ist der Bereich der Götter, Deva-Loka. Wenn auch hier die Person aus dem Glanz erwacht oder aus ihm heraustritt, ist da eine Art unerwarteter Freude und man möchte sich diese Freude erhalten. Anstatt völlig in den neutralen Grund aufzugehen, beginnt man sich plötzlich seiner Individualität bewußt zu werden, und Individualität bringt ein Gefühl der Verantwortlichkeit zur Selbsterhaltung. Diese Selbsterhaltung ist der Zustand des Samādhi, des fortwährenden Lebens in einem Zustand der Versenkung und des Friedens; das ist der Bereich der Götter, der auch als der Bereich des Stolzes bezeichnet wird. Stolz im Sinne des Aufbaus eines eigenen zentralisierten Körpers, der Erhaltung der eigenen Gesundheit. Mit anderen Worten, es ist eine Berauschung an der Existenz des Ich. Du beginnst Dankbarkeit zu empfinden für diese Bestätigung, endlich nicht mehr der Glanz, dieses Niemandsland, sondern irgendetwas zu *sein.* Und weil du etwas *bist,* mußt du dich erhalten, was einen natürlichen Zu-

stand des Behagens und der Freude mit sich bringt, der völligen Versunkenheit in sich selbst.
Diese sechs Bereiche der Welt sind die Quelle der ganzen Thematik des Lebens im Samsāra und auch des Eintritts in den Bereich des Dharmakāya. Dies wird uns helfen, die Bedeutung der Visionen zu verstehen, die im Buch des Bardo des Werdens beschrieben werden und die eine andere Art der Welt darstellen. Es gibt eine Konfrontation dieser beiden Welten: die Erfahrung der sechs Bereiche vom Standpunkt des Ich und vom Standpunkt der Transzendierung des Ich. Man könnte diese Visionen als Ausdrucksformen neutraler Energie verstehen, anstatt sie als Götter anzusehen, die dich aus dem Samsāra retten sollen, oder als Dämone, die dich heimsuchen sollen.

Der Bardo der Dharmatā

Wir sollten nicht nur ein gewisses Verständnis der sechs Bereiche, sondern auch der grundsätzlichen Vorstellung des Bardo haben: ›bar‹ heißt (da)zwischen und ›do‹ heißt Insel oder Mal, so etwas wie eine Grenzmarke zwischen zwei Dingen. Es ist aber eher wie eine Insel in der Mitte eines Sees. Die Konzeption des Bardo beruht auf der Periode zwischen geistiger Gesundheit und Wahnsinn, oder der Periode zwischen der Verwirrung und einer Verwirrung, die gerade dabei ist, umzukippen und in Weisheit verwandelt zu werden; und natürlich bezieht sie sich auf die Erfahrung, die zwischen Tod und Geburt steht. Die vergangene Situation hat sich gerade ereignet, und die zukünftige Situation hat sich noch nicht manifestiert, so daß eine Lücke zwischen beiden besteht. Dies ist im Grunde die Bardo-Erfahrung.
Der Dharmatā-Bardo ist die Erfahrung des Glanzes. Dharmatā steht für die Essenz der Dinge wie sie sind, die Istigkeit. So ist der Dharmatā-Bardo ursprünglicher, offener, neutraler Grund, und die Wahrnehmung dieses Grundes ist Dharmakāya, der Gesetzeskörper oder Körper der Wahrheit.

Beginnt der Wahrnehmende oder Aktivator, sich in den grundlegenden Raum aufzulösen, dann enthält dieser grundlegende Raum den Dharma, enthält die Wahrheit, aber diese Wahrheit wird in Formen des Samsāra übermittelt. So stellt der Raum zwischen Samsāra und der Wahrheit, der Raum, den der Dharma durchdringt, den Urgrund für die Details der fünf Tathāgatas und der Visionen der friedlichen sowie der rasenden Gottheiten.

Diese Ausdrucksformen der Dharmatā erscheinen nicht in physischen oder sichtbaren Formen, sondern in Formen von Energie; Energie, welche die Eigenschaft der Elemente, von Erde, Wasser, Feuer, Luft und Raum hat. Wir sprechen dabei nicht über gewöhnliche Stoffe, die grobe Ebene der Elemente, sondern über subtile Elemente. Vom Standpunkt des Wahrnehmenden ist die Wahrnehmung der fünf Tathāgatas in den Visionen kein Anblick und keine Wahrnehmung, und auch nicht eigentlich Erfahrung. Es ist nicht Sicht, denn wenn du einen Anblick hast, mußt du ansehen, und ansehen ist in sich eine extrovertierte Weise, sich selbst vom Angesehenen zu trennen. Es ist nicht Wahrnehmung, denn sobald du beginnst wahrzunehmen, führst du diese Erfahrung in das eigene System ein, was wiederum eine dualistische Art der Beziehung darstellt. Du kannst noch nicht einmal darum wissen, denn so lange es einen Beobachter gibt, der dir erzählt, daß dieses deine Erfahrungen sind, trennst du diese Energien immer noch von dir ab.

Es ist sehr wichtig, dieses grundlegende Prinzip zu verstehen, denn es ist wirklich der Schlüssel zu dem gesamten ikonographischen Symbolismus der tantrischen Kunst. Die verbreitete Erklärung ist, daß diese Bilder verschiedener Gottheiten psychologische Portraits sind, aber sie sind noch mehr als das.

Eine der fortgeschrittensten und gefährlichsten Formen der Übung ist die Bardo-Klausur, die aus siebenwöchiger Meditation in völliger Dunkelheit besteht. Es kommt zu sehr einfachen Einbildungen, welche hauptsächlich auf dem Prinzip der fünf Tathāgatas basieren, die als verschiedene Arten von

Augen gesehen werden. Der zentrale Ort der friedlichen Tathāgatas ist im Herzen, also siehst du verschiedene Arten von Augen in deinem Herzen. Das Prinzip der rasenden Gottheiten ist im Gehirn zentralisiert, und so siehst du andere Arten von Augen, die sich innerhalb deines Gehirns gegenseitig ansehen. Es sind dies keine gewöhnlichen Einbildungen; sie entstehen vielmehr aus dem Schwanken zwischen Wahnsinn und dem völligen Verlust des festen Bodens an das Dharmatā-Prinzip.

Dann entwickelt sich eine absolute und definitive Erfahrung des Glanzes. Er blitzt auf und verlöscht; manchmal erfährst du ihn, und manchmal erfährst du ihn nicht, sondern bist in ihm, da ist also ein Reisen zwischen dem Dharmakāya und dem Glanz. Gewöhnlich kommt es etwa in der fünften Woche zu einem grundsätzlichen Verständnis der fünf Tathāgatas, und ihre Visionen stellen sich tatsächlich ein, jedoch durchaus nicht in künstlerischen Ausdrucksformen. Man ist sich nicht eigentlich ihrer Gegenwart bewußt, sondern eine abstrakte Eigenschaft beginnt sich zu entwickeln, die allein auf Energie basiert. Wenn Energie unabhängig wird, vollkommene Energie, dann beginnt sie, sich selbst anzuschauen und sich selbst wahrzunehmen, was unsere gewöhnliche Vorstellung von Wahrnehmung überschreitet. Es ist, als ob du gehst, weil du weißt, daß du keinerlei Stütze brauchst, du gehst unbewußt. Es ist diese Art unabhängiger Energie, ohne jede Selbstbewußtheit, und sie ist keineswegs bloße Einbildung – und doch, zugleich – man kann nie wissen.

Das Wesen der Visionen

Die Visionen, die sich im Bardo-Zustand entwickeln, die leuchtenden Farben und die Geräusche, welche die Visionen begleiten, haben keinerlei Substanz, die vom Standpunkt des Wahrnehmenden erhalten werden müßte – sie geschehen einfach als Ausdruck der Stille und Ausdruck der Leere. Um sie deutlich wahrzunehmen, darf der diese Visionen Wahrneh-

mende kein fundamentales, zentralisiertes Ich haben. Fundamentales Ich ist in diesem Falle das, was uns meditieren oder etwas wahrnehmen läßt.
Hätten wir einen definitiven Wahrnehmenden, so könnte es zu Offenbarungen eines Gottes oder äußerer Wesenheiten kommen, und diese Wahrnehmung könnte fast an die nicht-dualistische Ebene heranreichen. Solche Wahrnehmung wird sehr angenehm und beglückend, denn da ist nicht nur der Beobachter, sondern auch noch etwas viel Subtileres, eine sehr fundamentale spirituelle Wesenheit, eine subtile Vorstellung oder Regung, die nach außen schaut. Sie beginnt eine wunderschöne Ahnung von Weite und Offenheit und Seligkeit wahrzunehmen, welche zur Vorstellung der Einheit mit dem Universum verleitet. Es könnte sehr leicht werden, diese Empfindung von Offenheit und Weite des Kosmos herbeizuführen. Es ist wie die Rückkehr in den Mutterschoß, eine Art Geborgenheit. Als Folge der Inspiration dieser Einswerdung wird solch ein Mensch von selbst liebevoll und freundlich und spricht mit beflügelter Zunge. Es ist durchaus möglich, in solch einem Zustand gewisse Formen göttlicher Visionen zu haben, Lichtblitze, die Klänge von Musik oder die Annäherung einer Präsenz wahrzunehmen.
Es ist möglich, daß ein Mensch, der eine solche Beziehung zu sich und seinen Projektionen hat, in der nachtodlichen Periode des Bardo-Zustandes äußerst unangenehm berührt wird von den Visionen der Tathāgatas, die von seiner Wahrnehmung nicht abhängig sind. Die Visionen der Tathāgatas laden durchaus nicht zur Einswerdung ein, sie sind schrecklich feindselig. Sie sind einfach da, sehr unangenehm da, denn sie reagieren auf keine Bemühungen um Kommunikation.
Die erste Vision, die erscheint, ist die Vision der friedlichen Gottheiten. Friedlichkeit ist hier nicht im Sinne der liebevollen und duftigen Erfahrungen gemeint, über die wir gerade gesprochen haben, sondern von vollkommen umfassendem Frieden, unerschütterlichem, unbesiegbarem Frieden; es ist der friedvolle Zustand, der durch nichts in Frage gestellt werden kann, der kein Alter, kein Ende und keinen Anfang hat.

Das Symbol des Friedens wird in der Form eines Kreises dargestellt; er hat keinen Eingang, er ist ewig.
Nicht allein in der Bardo-Erfahrung nach dem Tod, sondern auch während unseres Lebens machen wir dauernd solche Erfahrungen. Verweilt ein Mensch bei jener Art der Einheit mit dem Kosmos – alles ist schön und friedlich und liebevoll – besteht doch die Möglichkeit, daß ihm etwas anderes dazwischenkommt, genau wie bei der Vision der friedlichen Gottheiten. Du entdeckst, daß es da eine Möglichkeit gibt, den festen Boden zu verlieren, dieses ganze Einssein zu verlieren, deine eigene Identität zu verlieren und in einer vollkommen harmonischen Situation aufzugehen, die, natürlich, die Erfahrung des Glanzes ist. Dieser Zustand des absoluten Friedens scheint höchst erschreckend zu sein, und oft kann es passieren, daß Mut und Glauben eines Menschen durch einen solchen plötzlichen Einblick in eine andere Dimension, in der selbst der Gedanke der Einswerdung keinen Platz mehr hat, zutiefst erschüttert werden.
Dann ist da die Erfahrung der rasenden Gottheiten. Sie sind eine andere Ausdrucksform der Friedlichkeit, die unbarmherzige, unbeugsame Eigenschaft, die keinerlei Ausweichen zuläßt. Wenn du dich ihnen näherst und versuchst, die Situation umzugestalten, werfen sie dich zurück. Es ist genau das, was uns im Leben dauernd mit unseren Gefühlen geschieht. Irgendwie ist dieses Gefühl der Einheit, in der alles friedlich und harmonisch ist, noch nicht die letzte Wahrheit. Kommt es plötzlich zu einer Eruption von Energien in der Form von Leidenschaft oder Aggression oder irgendeinem anderen Konflikt, dann weckt dich plötzlich etwas auf; es ist die rasende Eigenschaft der Friedlichkeit. Bist du in irgendeine ichfabrizierte, einlullende Situation verstrickt, dann wird dich die unleugbare Wirklichkeit der Nacktheit des Geistes und der vielfarbige Aspekt der Emotionen aufwecken, wahrscheinlich mit einem sehr harten Schock, als plötzlicher Unfall oder plötzliches Chaos.
Natürlich gibt es immer die Möglichkeit, diese Mahnungen zu ignorieren und weiterhin an der ursprünglichen Ansicht

festzuhalten. So könnte man die Vorstellung des Austritts aus dem Körper und des Eintritts in den Glanz, des darauffolgenden Erwachens aus dem Glanz und der Wahrnehmung dieser Visionen im dritten Bardo-Zustand symbolisch verstehen als Ausgeliefertsein an jenen offenen Raum – Raum ohne jeglichen Körper, auf den man sich beziehen könnte, so offener Raum, daß du gar nicht den Gedanken der Einswerdung haben kannst, weil es nichts gibt, womit oder wodurch man einswerden kann. Aber es gibt treibende Energieblitze, die entweder abgelenkt oder in die rechte Situation umgekehrt werden können. Ob man in der Lage ist, durch Aufgehen in die Sambhogakāya-Ebene der Welt der fünf Tathāgatas Befreiung zu finden, hängt davon ab, ob man versucht oder es unterläßt, immer wieder das gleiche Spiel zu spielen.
Gleichzeitig mit diesen lebhaften und farbigen Erfahrungen vollzieht sich auch der ›playback‹ der sechs Bereiche der Bardo-Erfahrung. Die Wahrnehmung der sechs Bereiche und die Wahrnehmung der fünf Tathāgatas sind der gleiche Zustand, aber es ist ein anderer Wahrnehmungsstil. Es scheint, daß der die Tathāgatas Wahrnehmende, diese Art von Bewußtheit, eine phantastische Fähigkeit besitzt, ganz spontan die Verbindung von physischem Körper und Bewußtsein aufrechtzuerhalten. Es gibt dort keine Trennung der Spiritualität des Geistes und der Spiritualität des Körpers, sie sind beide das Gleiche, und so gibt es keinen Konflikt.
Das Buch sagt, beim ersten Erwachen aus der unbewußten Versunkenheit in den Körper mache man eine visuelle Erfahrung, scharf umrissen, klar und deutlich, glänzend und erschreckend, etwa so, als sähe man eine Luftspiegelung über einem Feld im Frühjahr, und man höre auch ein Geräusch wie von tausend zugleich dröhnenden Donnerschlägen. Der Geisteszustand ist gekennzeichnet von einer Lockerheit und einem losgelösten Gefühl, während er gleichzeitig überladen ist mit Intelligenz, so als hätte man einen Kopf ohne Körper, einen gigantischen im Raum schwebenden Kopf. So ist die tatsächliche visuelle Erfahrung dieses Bardo-Zustandes – die Vorbereitung auf die Wahrnehmung der Visionen der fünf

Tathāgatas – klar und intelligent und glänzend, und dabei doch unfaßbar; du weißt nicht, wo du eigentlich bist. Und so ist es auch mit der sinnlichen Erfahrung in der hörbaren Sphäre, es ist ein tiefes, dröhnendes Geräusch im Hintergrund, das den Boden beben läßt – und doch ist da nichts, das beben könnte. Ähnliche Erfahrungen kann man auch im Leben machen, obwohl durch die Abwesenheit eines physischen Körpers die Bardo-Erfahrungen klarer und haluzinatorischer sind. In der Lebenssituation erfährt man nicht den extremen Aspekt der Trugerscheinung; die Erfahrung ist da grundsätzlich die einer Verödung, der Einsamkeit und eines Flackerns, wenn jemand zu erkennen beginnt, daß es keinen Hintergrund gibt, der als Ego anzusprechen wäre. Jene plötzliche Ahnung der Ichlosigkeit bringt eine Art schwankender Unsicherheit mit sich.

Der erste Tag

Das Buch sagt, daß man, nach vier Tagen der Bewußtlosigkeit zum Glanz erwacht, plötzlich versteht, daß dies der Bardo-Zustand ist; und in jenem Moment tritt das Gegenteil der samsārischen Erfahrung ein. Es ist die Wahrnehmung von Licht und Bildern, die das Gegenteil von Körper oder Form sind; statt eine faßbare Situation der Form zu sein, ist es ein unfaßbarer Zustand der Eigenschaft.
Dann geht dir dieses gleißende Licht auf, welches eine Verbindung zwischen Körper und Intelligenz darstellt. Obwohl man in den Zustand des Glanzes versunken ist, arbeitet da doch eine Intelligenz, scharf und präzise, die etwas Blendendes hat. So werden der psychophysische Körper und auch die Intelligenz, das intellektuelle Bewußtsein, in Raum umgewandelt.
In diesem Fall ist die Farbe des Raumes Blau und die Vision, die erscheint, ist Vairocana. Vairocana ist beschrieben als der Buddha, der kein Hinten und kein Vorne hat; er ist der totale Rundblick, alldurchdringend, mit keiner zentralisierten Ei-

genschaft. Deshalb wird Vairocana oft personifiziert als eine meditierende Gestalt mit vier Gesichtern dargestellt, die alle Richtungen gleichzeitig überschaut. Er ist von weißer Farbe, denn diese Wahrnehmung braucht keine andere Färbung, sie ist allein die Urfarbe Weiß. Vairocana hält ein Rad mit acht Speichen, welches die Transzendierung der Vorstellung von Richtung und Zeit darstellt. Der gesamte Symbolismus des Vairocana ist die dezentralisierte Vorstellung des totalen Rundblicks; sowohl Zentrum als auch Rand sind überall. Er ist vollkommene Offenheit der Bewußtheit, die den Skandha des Bewußtseins transzendiert.

Zugleich hat man die Vision des Bereiches der Götter. Die Tiefe der Bläue ist erschreckend, denn da gibt es kein Zentrum, an dem man sich festhalten könnte; der Schimmer des weißen Lichts ist jedoch, als sähe man eine Lampe in der Dunkelheit brennen, und man ist geneigt, darauf zuzugehen. Den Bereich der Götter erfahren wir auch in unserem alltäglichen Leben. Immer wenn wir in einen spirituellen Zustand versunken sind, einen trance-ähnlichen Zustand der Freude und des Wohlbefindens, ganz mit uns selbst und unseren Projektionen befaßt, wann immer es zu dieser Freude kommt, besteht auch die Möglichkeit, daß ihr Gegenteil auftritt, die mittelpunktlose, alldurchdringende Eigenschaft des Vairocana. Sie ist äußerst unangenehm, ganz und gar nicht anziehend, denn da gibt es nichts, in dem man schwelgen könnte, keinen festen Grund, auf dem man sich vergnügen könnte. Es ist ja gut und schön, die Panoramavision der Offenheit zu haben, aber wenn da niemand ist, der sie wahrnehmen kann, ist das vom Standpunkt des Ichs zutiefst erschreckend. Den Kontrast zwischen dem Bereich der Götter und Vairocana erfahren wir immer wieder im Leben, und oft haben wir die Wahl, an der zentralisierten Quelle spiritueller Freude festzuhalten oder uns in die reine Offenheit ohne Zentrum fallenzulassen.

Diese Erfahrung entsteht aus der Aggression, denn Aggression hält uns zurück und erlaubt es uns nicht, Vairocana zu sehen. Aggression ist ein handfestes, solides Ding; sind wir in einem völlig wütenden Zustand, so ist das, als hielten wir uns für ein Stachelschwein, das alle verfügbaren Stacheln aufstellt, um sich selbst zu schützen. Da ist kein Platz für den Panoramablick; wir wollen auch keine vier Gesichter haben, ja, wir wollen nicht einmal wenigstens ein Auge. Dieser Zustand ist sehr zentralisiert und völlig introvertiert; deshalb könnte der Ärger uns veranlassen, vor der Weite des Vairocana zu fliehen.

Der zweite Tag

Indem wir das Wasser-Element transzendieren, beginnt uns das weiße Licht aufzugehen, und im Osten, dem Bereich der Vollkommenen Freude, erscheint der Tathāgata Vajrasattva oder Akṡobhya.

Akṡobhya heißt unerschütterlich und Vajrasattva heißt Vajra-Wesen; beides steht für Härte, Festigkeit. In der indischen Mythologie ist der Vajra der kostbarste Edelstein oder der Donnerkeil, der alle anderen Waffen und Edelsteine zerstört, der selbst Diamant schneiden kann. Es gab da einen gewissen Heiligen, der jahrhundertelang auf dem Berg Meru meditierte, und als er starb, wurden seine Gebeine in den Vajra verwandelt. Indra, der König der Götter entdeckte dies und fertigte seine Waffe daraus, einen Vajra mit hundert Spitzen. Der Vajra hat drei Eigenschaften: er kann niemals leichtfertig gebraucht werden, er erfüllt immer seine Aufgabe, den Feind zu zerstören, und er kehrt immer in die Hand, die ihn schleuderte, zurück. Er ist unzerstörbar, demanten.

Der Tathāgata Vajrasattva-Akṡobhya hält einen fünfzackigen Vajra – dieses absolut feste Objekt – und sitzt auf einem Elephantenthron – was könnte fester sein als das? Seine Gefährtin ist Buddha-Locanā, das Buddha-Auge. Die buddhistische Tradition kennt fünf Arten von Augen: das körperliche Auge, das Buddha-Auge, das Auge der Weisheit, das himmlische Auge und das Dharma-Auge. In diesem Falle bezieht sich das Buddha-Auge auf das Erwachen. Du magst in einer sehr festen, stabilen Situation sein, aber wenn da keine Öffnung ist, kann sie stagnieren. Das weibliche Prinzip wirkt unwillkürlich öffnend, es bewirkt die Öffnung oder Aktivierung des Ganzen, ist das Element der Kommunikation der Festigkeit in eine fließende, lebende Situation.

Dieser Tathāgata ist begleitet vom Bodhisattva Kṡitigarbha, Essenz der Erde, der jede Art von Fruchtbarkeit und Wachstum, ebenfalls Ausdrucksformen dieses bestimmten Buddhas, repräsentiert. Er ist zudem begleitet von Maitreya, dem Liebenden. Diese Festigkeit, hart und fruchtbar zugleich, braucht auch Gefühl, um die Härte zu beleben; es geht hier um die emotionale, barmherzige Seite der Liebe, nicht unbedingt um selbstloses Mitgefühl.

Dann sind da noch die weiblichen Bodhisattvas: Lāsyā ist der Bodhisattva des Tanzes oder Mudrā; sie ist eher Schaustellerin als Tänzerin, die darbietende Gottheit, welche die Schönheit und Würde des Körpers zur Schau stellt. Sie zeigt die Majestät und das Verführerische des weiblichen Prinzips. Und Puṡpā ist die Blumengottheit, der Bodhisattva der Schau, des Sehens, der Szenerie.

Den Skandha der Form transzendierend sind spiegelartige Strahlen, weiß und glitzernd, klar und deutlich, die aus dem Herzen von Vajrasattva und seiner Gefährtin ausstrahlen. Zugleich ist da das Licht der Hölle, ein graues Licht ohne Leuchtkraft. Wenn jemand das Schauspiel der Vajra-Eigenschaft wahrnimmt, mag es zu kompliziert erscheinen, damit umzugehen, und so besteht die Möglichkeit, es zu vereinfachen zu dem grauen Licht, das verbunden ist mit der Hölle oder einem fundamentalen Empfinden der Paranoia, welches immer mit der intellektuellen Vajra-Eigenschaft einhergeht. Um intellektuelle Erkenntnis zu haben, muß man eher sehen, was falsch ist an allen Dingen, als das was richtig ist; das ist die natürliche intellektuelle Eigenschaft des Vajra, die kritische Haltung des logischen Geistes, die auch Festigkeit mit sich bringt. Gründet dein Verständnis einer Sache auf der Logik einer kritischen Haltung, dann basiert deine Weisheit auf äußerst festem und bestimmtem Grund; sie ist unerschütterlich. Aber der andere Aspekt davon ist der Bereich der Hölle, in dem die kritische Haltung nicht verbunden ist mit der Festigkeit, einer fundamentalen geistigen Gesundheit, sondern eine Kettenreaktion auslöst, sozusagen die Alarmglocke der Paranoia.

Der dritte Tag

Im Prozeß dieser Abfolge von Tagen stellte die Dharmadhātu-Eigenschaft des Vairocana den Raum und die Eigenschaft von Vajrasattva-Aksobhya die Festigkeit. Nun wird die Vision des Ratnasambhava beschrieben. Ratnasambhava ist die zentrale Figur der Ratna-Familie, die gekennzeichnet ist durch Reichtum und Würde, die Ausdehnung des Reichtums auf andere Gebiete, und die grundsätzlich solide, üppig und ausgreifend ist. Der negative Aspekt der Ratna-Eigenschaft ist die Tendenz, den Reichtum dazu zu benutzen, in andere Territorien einzumarschieren, sich über allen verfügbaren Raum auszudehnen und die Großzügigkeit so überzubetonen, daß es zu einem Punkt kommt, an dem die Kommunikation blockiert wird.

Ratnasambhava ist von gelber Farbe, welche die Erde repräsentiert; Fruchtbarkeit im Sinne von Reichtum und Üppigkeit. Er hält das wunscherfüllende Juwel, was auch Abwesenheit von Armut bedeutet. Und Māmakī, seine Gefährtin, repräsentiert das Wasser; um einen reichen, fruchtbaren Boden zu haben, braucht die Erde Wasser.

Der Bodhisattva Ākāśagarbha ist die Essenz des Raumes. Bei einem so reichen Grund braucht es auch Raum, um Tiefe zu erzeugen. Und da ist Samantabhadra, der Allgute, der die grundlegende Kraft, die organische Eigenschaft des gesamten Mandala der Ratna-Familie ist. Nach den Regeln der traditionellen Methode einen geeigneten Ort für den Bau eines Hauses oder Klosters oder zur Bestellung eines neuen Ackers zu finden (die sehr wahrscheinlich in der tibetischen Bön-Tradition entwickelt wurde), baut man ein Haus nicht an einem beliebigen Ort; es sind psychologische Faktoren zu berücksichtigen. Am Bauplatz sollte man das offene Gefühl des Ostens haben und das wonnige Gefühl des Südens mit Bächen und Flüssen, sowie das stärkende Gefühl des Westens mit Felsen und das beschützende Gefühl des Nordens mit seinen Bergketten. Es gibt auch eine Methode des Wasser-Erspürens, indem man die Formen der Landschaft überschaut, und in der Nähe der Quelle des Wassers findet sich meist ein Flecken, der nicht sumpfig ist, sondern eine gute felsige Grundlage hat, um darauf ein Haus zu bauen. Diese besondere felsige Substanz, umgeben von den geeigneten Formen und Gegenden, wird Samantabhadra genannt, der Erd-Samantabhadra. Samantabhadra ist auch verbunden mit Emporstreben und positivem Denken, einem grundsätzlichen Vertrauen und einer positiven Einstellung zur Zukunft.

Ratnasambhava ist vom weiblichen Bodhisattva Mālā begleitet, der Gottheit, die alle möglichen Schmuckstücke darbietet, Girlanden, Halsketten und so weiter, um die schönsten Seiten der erdhaften Eigenschaft des Ratna hervorzuheben. Der andere weibliche Bodhisattva ist Dhūpā, die Göttin, die Räucherwerk trägt. Sie repräsentiert Geruch, Duft, die Umwelt-Situation, die die Erde hervorbringt; frische Luft, Luft ohne Verschmutzung, und Raum für das Wachsen der Vegetation und das Strömen von Flüssen.

Das Licht, das zur Ratna-Familie gehört, ist das gelbe Licht des Gleichmuts, nicht-unterscheidendes Licht. Aber es scheint, als seien die Vielfalt und der Reichtum des Ratna-Mandalas übergroß, zu majestätisch, so daß man wenn möglich lieber in eine sehr einfache und selbstgenügsame kleine Ecke entflieht, und dieses kleine Gebiet ist der Stolz, das trübe Licht der Menschenwelt.

Der vierte Tag

Am vierten Tag erscheint das geläuterte Feuer-Element, repräsentiert von Amitābha, der Padma-Familie. Amitābha heißt grenzenloses Licht, und die Haupteigenschaft des

Padma ist magnetisierend, verführerisch, von einladender Wärme, offen und barmherzig. Das Licht ist grenzenlos, denn es scheint ganz von selbst, es verlangt keine Gegenleistung. Es hat das Wesen des Feuers, nicht im Sinne der Aggression, sondern des weder zurückweisenden noch annehmenden Verzehrens aller Dinge. Amitābha hält eine Lotusblüte in der Hand, was wiederum das gleiche bedeutet: Die Lotusblüte öffnet sich, ob die Sonne oder der Mond darauf scheint, sie öffnet sich gegen das Licht und akzeptiert jede der von außen einwirkenden Situationen. Sie hat auch die Eigenschaft völliger Reinheit; dieses Erbarmen kann in Schlamm und Schmutz wachsen, aber die Blüte ist vollkommen und rein. Auch das Sitzen auf einem Pfauenthron bedeutet Offenheit und Aufnahmebereitschaft; in der Mythologie heißt es, der Pfau ernähre sich von Gift und seine wunderbaren Farben würden aus dieser giftigen Nahrung erzeugt. Es ist eine Offenheit, die so weit geht, daß sie mit jedweder negativen Situation fertig wird, ja das Erbarmen wird geradezu beflügelt von negativen Situationen.

Seine Gefährtin, Pāndaravāsinī, die Weißgekleidete, hat Beziehung zu dem Symbolismus einer indischen Legende, in der besondere, aus Stein gewebte Kleider auftauchen, die nur mit Feuer gereinigt werden können. Sie repräsentiert die Essenz des Feuers, das alles verzehrt, und auch das Resultat dieses verzehrenden Prozesses, die Läuterung, das vollkommene Erbarmen. Da ist weiterhin der Bodhisattva Avalokiteśvara, die Essenz des Erbarmens, jener, der in alle Richtungen sieht, was die höchste Intelligenz des Erbarmens ist. Wann immer dieses Erbarmen nötig ist, äußert es sich ganz von selbst, es hat etwas Definitives und Automatisches. Es ist kein einfältiges, blindes Mitleid, sondern intelligentes Erbarmen, welches immer seine Aufgabe erfüllt. Auch Manjuśrī repräsentiert den mechanischen Aspekt des Erbarmens, aber hier ist es eher eine intellektuelle als eine rein impulsive Eigenschaft. Er ist auch der Schöpfer des Klanges, der Kommunikation des Erbarmens; er steht für den Klang der Leere, welcher der Ursprung aller Worte ist.

Und auch Gītā gehört zu dieser Familie, der weibliche Bodhisattva des Gesanges, die zur Musik des Mañjuśrī singt, sowie Ālokā, die eine Lampe oder Fackel trägt. Der gesamte Prozeß des Erbarmens hat Rhythmus und Licht, er hat die Tiefe der Einsicht und die Präzision der Wirksamkeit, und er hat das läuternde Wesen des weißgekleideten Buddha sowie die unbegrenzte, alldurchdringende Eigenschaft des Amitābha.
Das ist die gesamte Padma-Familie, die den Skandha der Wahrnehmung transzendiert und mit dem roten Licht der Weisheit der Unterscheidenden Bewußtheit leuchtet. Erbarmen ist sehr genau und präzise, die Weisheit der Unterscheidenden Bewußtheit ist seine notwendige Voraussetzung; damit ist nicht Unterscheidung im Sinne von Annahme und Zurückweisung gemeint, sondern einfach das Sehen der Dinge, wie sie sind.
In diesem Buch ist die Padma-Familie mit dem Bereich der Hungrigen Geister verbunden; das ist ein gewisser Konflikt, denn die Leidenschaft wird gewöhnlich mit dem menschlichen Bereich in Verbindung gebracht. Alle diese Padma-Eigenschaften, Klarheit und Präzision und Tiefe und Majestät, wurden als zu überwältigend empfunden, und irgendwie möchte man lieber taub und stumm spielen; man möchte sich wegschleichen von diesem allumfassenden Schauspiel auf die Seitenpfade der gewöhnlichen Leidenschaften.

Der fünfte Tag

Der fünfte Tag gehört der Karma-Familie, welche die reine Eigenschaft der Luft oder des Windes ist. Zu ihr gehört das grüne Licht, von der Farbe des Neids. Aus dem Bereich der Gespeicherten Handlungen erscheint der Tathāgata Amoghasiddhi. Die Karma-Familie ist gekennzeichnet durch das Handeln, das Vollenden und die Wirksamkeit. Sie ist mächtig, und nichts kann sich ihr in den Weg stellen; deshalb wird sie auch als zerstörerisch angesehen. Amoghasiddhi bedeutet die Vollendung aller Werke und Allmächtigkeit.

Er hält den gekreuzten Vajra in der Hand. Der Vajra ist ein Symbol der Vollendung aller Werke, hart und unzerstörbar, wie wir ihn bei der Vajra-Familie kennengelernt haben. Der Doppelvajra repräsentiert die vollkommene Wahrnehmung aller Handlungen in allen Richtungen, die Rundum-Vollendung; oft wird er auch als der vielfarbige Vajra beschrieben.
Amoghasiddhi sitzt auf einem Shang-Shang, einer Art von Garuda; dieser besondere Garuda ist ein Musiker, er hält zwei Schellen in den Händen, auf denen er spielt, während er Amoghasiddhi auf seinem Rücken trägt. Auch er ist ein Bild großer Macht und ein Symbol der Vollendung, eine Art Supervogel, ein transzendentaler Vogel, der sich aufschwingen und alle Gebiete durchfliegen kann und so den gesamten Raum umfaßt.
Seine Gefährtin ist Samaya-Tārā, Retter des Heiligen Wortes oder Samaya. Die tantrische Lehre kennt verschiedene Interpretationen von Samaya, aber in diesem Fall meint es die tatsächliche Erfüllung der Lebenssituation im gegebenen Moment.
Dann haben wir den Bodhisattva Vajrapāni, was so viel wie Vajra-Träger heißt, wiederum ein Symbol phantastischer Energie; er ist der Bodhisattva der Energie. Und da ist Sarvanivaranaviskambhin, Beseitiger aller Hindernisse. Sollten im Prozeß des karmischen Wirkens irgendwelche Hindernisse auftauchen, so entstehen sie aus dem Mißverständnis oder der Unfähigkeit, mit der tatsächlichen Lebenssituation eng verbunden zu bleiben; diese Hindernisse räumt der Bodhisattva aus. Diese Karma-Familie umfaßt, mit anderen Worten, das Nichtvorhandensein jeglicher Hindernisse und die Macht der Vollendung.
Dann haben wir noch die weiblichen Bodhisattvas Gandhā und Naivedyā. Gandhā ist der Bodhisattva des Duftes; sie trägt Essenzen aus verschiedenen Kräutern, welche die Sinneswahrnehmungen oder Gefühle darstellen; das geschickte und wirksame Handeln braucht entwickelte Sinneswahrnehmungen. Naivedyā bringt die Nahrung dar, die Nahrung der Meditation, welche das geschickte Handeln nährt.

Die Karma-Familie transzendiert den Skandha der Geistesregungen und ist verbunden mit dem Bereich der Eifersüchtigen Götter. Auch hier, wie in jeder Erfahrung des Gegensatzes von Weisheit und Verblendung, haben beide Seiten die gleiche Eigenschaft. In diesem Fall haben sie beide die Eigenschaft der Ausweitung. Während aber die Weisheit den gesamten Bereich aller erdenklichen Möglichkeiten einbezieht und alle nur möglichen Wege sieht, mit einer Situation in Begriffen von Subjekt und Objekt, Energie, Struktur, Temperament, Geschwindigkeit, Raum und so weiter umzugehen, sind die Mittel der Verblendung im Umgang mit einer Situation beschränkt, denn sie hat sich niemals ausgeweitet und irgendwie entwickelt. Verblendung ist unterentwickelte Weisheit, primitive Weisheit, während Weisheit vollkommen entwickelt ist.

Der sechste Tag

Als nächstes kommt es zu einem Crescendo aller zweiundvierzig friedlichen Gottheiten. Die fünf Tathāgatas, die vier Torhüter, die vier Göttinnen und die sechs Bereiche der Welt erscheinen zugleich. Es ist die Situation einer grundsätzlichen Bestürzung, in der die fünf Tathāgatas den gesamten Raum ausfüllen, alle Richtungen und jeden Winkel emotionaler Situationen; da ist keine Lücke, kein Ausweg und kein Ausweichen, denn die vier Tore sind zudem von den vier Arten von Herukas bewacht.

Der östliche Torhüter ist als der Siegreiche bekannt, er ist mit der Befriedung verbunden, erscheint jedoch in rasender Form und schafft damit an diesem Tor eine so furchteinflößende Situation, daß du nicht einmal daran denkst, zu entfliehen. Er repräsentiert die unzerstörbare, unbesiegbare Eigenschaft des Friedens, deshalb ist er ›siegreich‹.

Der Hüter des zweiten, des südlichen Tores ist der ›Bezwinger des Yama‹, des Herrn des Todes. Er ist mit dem karmischen Wirken der Ausweitung des Reichtums verbunden. Reichtum in Begriffen von Zeit und Raum ist sehr begrenzt,

rationiert, und damit ist der, der diese Begrenzung überschreitet, der Herr des Herrn des Todes.
Im westlichen Tor wacht der pferdeköpfige Hayagrīva. Er ist so etwas wie ein Alarmsystem, denn das Wiehern des Pferdes kann dich in jeder unachtsamen Situation aufwecken. Er ist verbunden mit dem Magnetisieren, einer Art intelligenter Leidenschaft, die verhindert, daß du in die Leidenschaft verstrickt wirst, und dich statt dessen aufweckt.
Im nördlichen Tor ist Amrtakundalī, der Wirbel des Amrta oder der Trunk gegen den Tod. Er ist ganz besonders mit dem Tod verbunden. Kommt es zu einem selbstmörderischen Impuls, der dazu führen könnte, daß du alle Hoffnung aufgibst, dann wirst du durch diese Medizin gegen den Tod wiederbelebt; Selbstmord ist keineswegs eine Lösung. Da ist also die friedliche Gegenwart des Sieges, die ausweitende Eigenschaft, die alle extremen Vorstellungen von Zeit und Raum überwindet, das magnetisierende Prinzip, welches einen Alarm auslöst, und das selbstmörderische Prinzip, das dir den Trunk wider den Tod verabreicht. So bist du ganz und gar eingeschlossen, ohne jede Ausweichmöglichkeit.
Darüberhinaus erscheint das jeweilige weibliche Prinzip der vier Torhüter. Da ist die Verkörperung eines weiblichen Prinzips mit einem Fanghaken, die dich fängt wie einen Fisch, solltest du versuchen, wegzulaufen. Oder wenn du den Stolz als Mittel zur Flucht benutzen willst, indem du allen verfügbaren Raum ausfüllst und keine andere Möglichkeit zuläßt, dann wird dich die Göttin mit dem Lasso von Kopf bis Fuß einschnüren, so daß du keine Möglichkeit mehr hast, dich auszudehnen. Eine andere Fluchtmöglichkeit, die auf Geschwindigkeit basiert, ist die Flucht in die Leidenschaft; aber versuchst du es, dann wird die Göttin mit der Kette dich anketten, so daß du deine Füße nicht bewegen und nicht weglaufen kannst. Und solltest du versuchen, irgendjemand durch Aggression zu erschrecken, um dann auszubrechen, dann wird die Göttin mit einer sehr lauten Glocke deinen lauten Schrei der Aggression und deine tiefe Stimme des Ärgers übertönen.

So bleibt dir nichts anderes übrig, als dich den sechs Bereichen der Welt zu stellen: dem Buddha der Götter, dem Buddha der Eifersüchtigen Götter, dem Buddha der Menschenwesen, dem Buddha der Tiere, dem Buddha der Hungrigen Geister und dem Buddha des Bereichs der Hölle. Alle diese Visionen gehen von deinem Herz-Zentrum aus, welches mit Emotion, Leidenschaft und Genuß verbunden ist.

Der siebente Tag

Als nächstes erscheinen die Vidyādharas aus deinem Halszentrum, welches die Essenz des Kommunikationsprinzips ist. Die friedlichen Gottheiten sind mit dem Herzen verbunden und die rasenden Gottheiten mit dem Gehirn. Sprache ist das Bindeglied der Kommunikation zwischen den beiden; dieses Bindeglied sind die Vidyādharas. Vidyādhara heißt Besitzer von Wissen oder Einsicht. Die Vidyādharas sind weder ganz friedlich, noch ganz rasend; sie nehmen eine Zwischenstellung ein. Sie sind eindrucksvoll, überwältigend, majestätisch. Sie repräsentieren die göttliche Form des tantrischen Guru, der Macht über die magischen Aspekte des Universums besitzt.
Zugleich erscheint das grüne Licht des Bereichs der Tiere, welches die Unwissenheit symbolisiert; sie bedarf der Unterweisung durch den Guru, um sie zu erleuchten.

Nun werden die fünf Tathāgata-Prinzipien in die Herukas und ihre Gefährtinnen umgewandelt. Die Grundeigenschaften dieser Familien bestehen weiter, sie kommen jedoch in sehr dramatischer, theatralischer Form zum Ausdruck; diese ist nicht so sehr die fundamentale Eigenschaft, als vielmehr die Energie von Vajra, Padma und so weiter. Die Herukas haben drei Köpfe und sechs Arme. Dies ist symbolischer Ausdruck der Macht der Verwandlung, wie sie in der mythologischen Geschichte von der Unterwerfung des Rudra beschrieben wird.

Rudra ist jemand, der völlige Ichhaftigkeit erreicht hat. Es gab einmal zwei Freunde, die beide Schüler des gleichen Lehrers waren. Ihr Lehrer sagte, der Kern seiner Lehre sei die spontane Weisheit; selbst wenn ein Mensch hinginge und sich den extremsten Handlungen hingebe, würde er werden wie die Wolken am Himmel, würde befreit durch die fundamentale Spontaneität. Die beiden Schüler verstanden ihn auf sehr verschiedene Art und Weise. Einer von ihnen ging davon und begann daran zu arbeiten, ganz spontan mit seinen eigenen positiven und negativen Charakterzügen umzugehen. So wurde es ihm möglich, diese spontan zu befreien, ohne irgendetwas zu erzwingen und sie entweder zu bestärken oder sie zu unterdrücken. Der andere ging hin, baute ein Bordell und organisierte eine große Bande aus lauter Freunden, die alle ganz spontan handelten: sie überfielen die nahen Dörfer, töteten die Männer und verschleppten die Frauen.

Nach einiger Zeit sahen die Freunde sich wieder und waren beide schockiert über die Art der Spontaneität des anderen; da beschlossen sie, ihren Lehrer zu befragen. Sie gingen zu ihm und berichteten von ihrer Erfahrung, und der Lehrer sagte zum ersten, daß seiner der richtige Weg sei, und zum zweiten, sein Weg sei der falsche. Aber der zweite Freund konnte es nicht ertragen anzuhören, wie all sein Streben und seine Anstrengungen verdammt wurden, und so zog er sein Schwert und tötete den Lehrer auf der Stelle. Als er selbst

starb, durchlief er eine Folge von Inkarnationen: fünfhundert als Skorpion, fünfhundert als Schakal und so weiter, bis er schließlich im Bereich der Götter als Rudra geboren wurde.
Er wurde mit drei Köpfen und sechs Armen geboren und hatte voll ausgewachsene Zähne und Nägel. Seine Mutter starb gleich nach seiner Geburt und die Götter waren so entsetzt, daß sie ihn und den Körper seiner Mutter zu einem Friedhof brachten und beide in eine Grabkammer einschlossen. Das Baby überlebte, indem es das Blut seiner Mutter saugte und ihr Fleisch aß und so äußerst grauenerregend, robust und mächtig wurde. Der Rudra machte den Friedhof unsicher und begann, alle lokalen Geister und Gottheiten zu beherrschen und, genau wie früher, sein eigenes Königreich aufzubauen, bis er schließlich das ganze dreifache Universum erobert hatte.
Zu jener Zeit hatten sein früherer Lehrer und sein Mitschüler bereits Erleuchtung erlangt, und sie wollten versuchen, ihn zu unterwerfen. So manifestierte Vajrapāni sich als Hayagrīva, eine rasende rote Erscheinung mit einem Pferdekopf, und wieherte dreimal, um seine Anwesenheit im Königreich des Rudra kundzutun. Dann drang er durch den Anus in Rudras Körper ein, und Rudra war zutiefst gedemütigt; er gab sich geschlagen und brachte seinen Körper als Sitz oder Vehikel dar. Alle Attribute des Rudra und die Einzelheiten seiner königlichen Tracht, die Schädelkrone und der Schädelbecher, der Knochenschmuck und der Rock aus Tigerfell, der Umhang aus Menschenhaut und der Umhang aus Elephantenhaut, die Waffen, das Flügelpaar, der Halbmond in seinem Haar und anderes wurden so zur Tracht des Heruka.
Da gibt es zuerst den großen Heruka, der mit keiner der fünf Familien verbunden ist. Er ist der Raum zwischen den fünf Familien. Der große Heruka bringt die grundlegende Energie all der anderen rasenden Herukas hervor, als da sind der Buddha Heruka, der Vajra Heruka, der Ratna Heruka, der Padma Heruka und der Karma Heruka mit ihren jeweiligen Gefährtinnen. Sie repräsentieren die zügellose, überschäumende Eigenschaft der Energie, die nicht gebändigt werden

kann. Grundsätzlich ist die Eigenschaft der fünf Familien ein friedlicher Zustand, offen und passiv, denn er ist vollkommen stabil, und nichts kann ihn stören; die ungeheure Macht dieses friedlichen Zustandes manifestiert sich in rasender Form. Sie wird oft als Zorn voller Erbarmen beschrieben, als Zorn ohne Haß.

Des weiteren haben wir die Gaurīs, eine andere Art rasender Energie. Die fünf Herukas sind das Dasein der Energie wie sie ist, während die Gaurīs aktivierende Energie sind. Die weiße Gaurī tanzt auf einem Leichnam; ihre Aktivität ist das Auslöschen des Gedankenprozesses, deshalb hält sie als Szepter den Leichnam eines Säuglings. Im allgemeinen symbolisiert der Leichnam den fundamentalen neutralen Seinszustand. Ein Körper ohne Leben ist der aller aktiven Gedanken bare Zustand, ohne Gut und Böse, der nicht-dualistische Zustand des Geistes. Die gelbe Göttin hält einen Bogen und einen Pfeil, denn sie hat die Vereinigung der geeigneten Mittel und des Wissens erreicht; ihre Funktion ist, die beiden zusammenzubringen. Dann ist da die rote Gaurī; sie trägt das Banner des Sieges aus der Haut eines Meerungeheuers. Das Meerungeheuer symbolisiert das Prinzip des Samsāra, dem man nicht entgehen kann; daß die Göttin es als Banner trägt, bedeutet, daß Samsāra nicht zurückgewiesen, sondern so wie es ist akzeptiert wird. Und schließlich haben wir im Norden Vetālī, von schwarzer Farbe, die einen Vajra und einen Becher aus einem Totenschädel trägt, da sie die unveränderliche Eigenschaft der Dharmatā symbolisiert. Das Vajra ist unzerstörbar und der Schädelbecher ist ein weiteres Symbol der geeigneten Mittel. Wir brauchen nicht alle diese Erscheinungen im Detail durchzugehen, wollen nur eine grundlegende Vorstellung dieser Gaurīs und Boten geben, die im Mandala der rasenden Gottheiten auftauchen, in dem jede einzelne Figur eine Funktion in der Verwirklichung einer ganz bestimmten Energie hat.

Die rasenden Gottheiten repräsentieren Hoffnung, und die friedlichen Gottheiten repräsentieren Furcht. Furcht im Sinne der Verunsicherung, denn das Ich hat keine Möglichkeit, sie irgendwie zu manipulieren. Sie sind gänzlich unbesiegbar und sie lassen sich auf keinen Kampf ein. Die hoffnungsvolle Eigenschaft der rasenden Energie ist Hoffnung im Sinne einer immer schöpferischen Situation, gesehen so wie sie wirklich ist, als grundlegende neutrale Energie, die dauernd fortbesteht und weder zu Gut noch Böse gehört. Die Situation mag dir überwältigend und außer deiner Kontrolle erscheinen, aber an kontrollieren oder kontrolliert werden ist hier gar nicht zu denken. Man tendiert jedoch dazu, in Panik zu geraten, zu glauben, man könnte kontrollieren; es ist, als ob man plötzlich feststellt, daß man sehr schnell fährt und auf die Bremse tritt – was zu einem Unfall führt. Die Funktion der Gaurīs ist, zwischen den Körper und den Geist zu treten. Geist ist in diesem Fall die Einsicht, und Körper ist die impulsive Eigenschaft, wie beim Ausbruch der Panik, die eine physische Aktion ist. Die Gaurīs treten zwischen Einsicht und Handlung, sie unterbrechen die Kontinuität der Selbsterhaltung des Ich; das ist ihre rasende Eigenschaft. Sie verwandeln destruktive Energie in kreative Energie. So wie der Körper des Rudra in den Heruka umgewandelt wurde, so wird die Kraft hinter der impulsiven Eigenschaft von Panik oder Aktion umgewandelt.

Der sterbende Mensch

Es scheint, daß die Menschen in der tibetischen Kultur den Tod nicht als besonders unangenehme oder schwierige Situation ansehen, aber hier im Westen fällt es uns oft sehr schwer, damit umzugehen. Niemand sagt uns die letzte Wahrheit. Es ist eine furchtbare Zurückweisung, eine fundamentale Abweisung der Liebe, daß niemand wirklich bereit ist, dem Geisteszustand eines sterbenden Menschen beizustehen.

Ist ein sterbender Mensch nicht in einem Koma oder sonst nicht ansprechbar, dann ist es wohl notwendig ihm zu sagen, daß er stirbt. Es mag schwerfallen, wirklich diesen Schritt zu tun, aber wenn man ein Freund oder ein Ehegatte ist, dann ist dies die größte Gelegenheit, wirklich Vertrauen zu vermitteln. Es ist eine wunderbare Situation, daß sich endlich jemand wirklich um dich kümmert, daß ein Mensch nicht das heuchlerische Spiel spielt, dir keine Lüge erzählt, um dir einen Gefallen zu tun, so wie es dir während deines ganzen Lebens geschehen ist. Dies kommt auf die letzte Wahrheit zurück, es ist grundlegendes Vertrauen, eine sehr beglückende Erfahrung. Wir sollten wirklich versuchen, diese Grundeinstellung zu erzeugen.

Es ist äußerst wichtig, den sterbenden Menschen anzusprechen, ihm zu sagen, daß der Tod an diesem Punkt kein Mythos ist, sondern daß er tatsächlich eintritt. »Er tritt tatsächlich ein, aber wir sind deine Freunde, und deshalb schauen wir zu bei deinem Tod. Wir wissen, daß du stirbst und du weißt, daß du stirbst, und so treffen wir alle in diesem Punkt zusammen.« Das ist der edelste und beste Beweis von Freundschaft und Verbundenheit, und er gibt dem sterbenden Menschen unvorstellbar reiche Inspiration.

Man sollte in der Lage sein, mit dieser körperlichen Situation umzugehen und die subtilen Zeichen des Zerfalls der physischen Sinne des Sterbenden zu entdecken, des Sinnes der Kommunikation, des Gehörsinnes, des Gesichtsausdrucks und so weiter. Aber es gibt Menschen mit ungeheuer starkem Willen, die immer ein Lächeln aufsetzen können, sogar bis zur letzten Minute des Todes, die versuchen, gegen ihr Alter, gegen den Zerfall ihrer Sinne anzukämpfen, und so sollte man sich auch einer solchen Situation bewußt sein.

Einfach das Bardo Thödol zu lesen, bewirkt nicht sehr viel, außer daß der sterbende Mensch weiß, daß du irgendeine Zeremonie für ihn veranstaltest. Du solltest ein gewisses Verständnis der ganzen Angelegenheit haben, nicht einfach aus dem Buch vorlesen, sondern so etwas wie ein Gespräch daraus machen: »Du stirbst, du verläßt deine Freunde und deine Familie, deine Lieblingsumgebung wird nicht länger da sein, du bist dabei uns zu verlassen. Aber zugleich gibt es etwas, das dauert, es gibt die Fortdauer deiner positiven Beziehung zu deinen Freunden und zu der Lehre, darum halte dich an diese grundlegende Beständigkeit, die nichts mit dem Ich zu tun hat. Wenn du stirbst, wirst du alle möglichen traumatischen Erfahrungen machen, etwa daß du deinen Körper verläßt und daß deine alten Erinnerungen in der Form von Halluzinationen zurückkommen. Was für Visionen und Halluzinationen du auch immer haben magst, nimm einfach hin, was geschieht, anstatt zu versuchen zu entfliehen. Bleibe, wo du bist, und nimm an, was kommt.«

Während du alles dieses tust, zerfallen die Intelligenz und das Bewußtsein des sterbenden Menschen, aber zugleich entwikkelt er eine höhere Bewußtheit des umgebenden Gefühls. Wenn es dir also möglich ist, ihm eine grundsätzliche Wärme zu vermitteln und das grundlegende Vertrauen, daß das, was du ihm erzählst, die Wahrheit ist und nicht nur irgendetwas, von dem man dir gesagt hat, du solltest es ihm erzählen, dann ist das von größter Wichtigkeit.

Es sollte dir möglich sein, irgendeine einfache Erklärung des Prozesses des Zerfalls zu geben, des Zerfalls von Erde in Wasser, von Wasser in Feuer und so weiter, dieses langsamen Zerfalls des Körpers, der schließlich zum Prinzip des Glanzes führt. Um den Menschen in den Zustand des Glanzes zu geleiten, brauchst du eine feste Grundlage als Bezug, und diese feste Grundlage ist zugleich die Gefaßtheit des sterbenden Menschen. »Deine Freunde wissen, daß du sterben wirst, aber sie haben keine Angst davor; sie sind wirklich da und sie sagen dir, daß du sterben wirst, da gibt es keine Geheimnistuerei hinter deinem Rücken.« Vollkommen gegenwärtig zu sein, ist äußerst wichtig, wenn ein Mensch stirbt. Ganz im Jetzt zu sein, hat eine ungeheure Kraft, denn an jenem Punkt besteht Unsicherheit zwischen Körper und Geist. Der Körper und das Gehirn zerfallen, aber du bist verbunden mit der Situation und stellst damit den festen Grund.

Was die Visionen der friedlichen und rasenden Gottheiten angeht, so scheint es weitgehend dem Individuum überlassen, damit ganz für sich zurechtzukommen. Im Buch heißt es, du sollest den Geist des Verstorbenen beschwören und ihm die Bilder beschreiben; das mag möglich sein, wenn es noch eine

Kontinuität gibt. Im Falle gewöhnlicher Menschen jedoch ist dies eine äußerst unsichere Angelegenheit; es gibt keinen wirklichen Beweis, daß du nicht den Kontakt mit dem Gestorbenen verloren hast. Der springende Punkt ist, daß du in Wirklichkeit zu dir selbst sprichst, wenn du einen sterbenden Menschen unterweist. Der sterbende Mensch hat Anteil an deiner eigenen Festigkeit; wenn du also gefaßt bist, dann wird die Person im Bardo-Zustand automatisch davon angezogen. Mit anderen Worten, präsentiere dem sterbenden Menschen eine sehr geistesgegenwärtige und gefaßte Situation. Gehe einfach auf ihn ein, öffnet euch gleichzeitig füreinander und entwickelt das Zusammentreffen von zwei Seelen.

Die Große Befreiung durch Hören im Bardo

Verehrung den Gurus, den drei Kāyas:
Amitābha, Grenzenloses Licht, der Dharmakāya,
Friedliche und Rasende Lotus-Gottheiten, der Sambhogakāya,
Padmasambhava, Beschützer der Lebewesen, der Nirmānakāya.༔[1]

Diese »Große Befreiung durch Hören«, das Mittel der Befreiung im Bardo für Yogins durchschnittlicher Begabung, hat drei Teile: die Einführung, die Hauptausführungen und den Abschluß.༔

Zunächst die Einführung, das Mittel zur Befreiung menschlicher Wesen. Als erstes meistere man die Unterweisungen, die mit Sicherheit die höchstbegabten Yogins zu befreien vermögen. Tun sie es jedoch nicht, vollziehe man das Ausschleudern des Bewußtseins[2], welches spontan befreit, sobald man sich im Bardo des Augenblickes vor dem Tod daran erinnert. Dies sollte mit Sicherheit die Yogins mittlerer Begabung befreien; ist das jedoch nicht der Fall, sollte man sich im Bardo der Dharmatā um diese »Große Befreiung durch Hören« bemühen.༔

Zu diesem Zweck beobachte der Yogin zuerst die Abfolge der Symptome des Todes gemäß der »Spontanen Befreiung der Symptome des Todes«. Sobald sie unzweifelhaft vollzählig sind, ist das Ausschleudern des Bewußtseins herbeizuführen, das spontan befreit, indem man sich daran erinnert. Ist das

[1] Dieses Zeichen findet sich in allen Terma-Texten; es ist ein Symbol, das sie versiegeln und schützen soll. Es steht in allen diesen Texten an Stelle des gewöhnlichen tibetischen Satzzeichens – einer kurzen vertikalen Linie. Da die deutsche Zeichensetzung komplizierter ist, stehen die Terma-Zeichen in der Übersetzung nur am Ende eines Textabschnittes oder Verses.

[2] Das Ausschleudern des Bewußtseins (Tibetisch: 'pho-ba) ist ein Teil der Übung des Reinen Landes und einer der Sechs Yogas des Nāropā. Mit seiner Hilfe lernt der Yogin, wie er sein Bewußtsein durch die Schädeldecke hinauf in ein vorgestelltes Bild schießen kann, welches er bei seinem Tode in den Dharmakāya-Bereich zu lenken vermag. Ausführliche Beschreibungen dieser Übung finden sich in: Herbert Guenther: »The Life and Teaching of Nāropā« (Oxford) und in: Garma C. C. Chang: »Esoteric Teachings of the Tibetan Tantra« (Aurora Press).

Ausschleudern vollzogen, so ist es nicht nötig, die »Befreiung durch Hören« zu lesen. Andernfalls sollte es klar und deutlich in der Nähe des toten Körpers verlesen werden.⸽
Ist der Körper nicht vorhanden, lasse man sich auf dem Bett oder dem Stammplatz des Toten nieder, rufe unter Berufung auf die Macht der Wahrheit sein Bewußtsein an und lese, während man sich ihn als gegenübersitzenden Zuhörer vergegenwärtigt. Zu dieser Zeit sind die Geräusche von Klagen und Weinen unangebracht; also sollten seine Verwandten ausgeschlossen werden. Ist der Körper vorhanden, dann verlese sein Guru oder ein Dharma-Bruder[3], den er liebte und dem er vertraute, während des Intervalls zwischen dem Aufhören des Atmens und dem Aufhören des Pulsierens in den Arterien diese »Große Befreiung durch Hören« nahe seinem Ohr.⸽
Die Darlegung der »Befreiung durch Hören«:
Sind die Mittel vorhanden, bringe man den Drei Juwelen[4] ein umfangreiches Opfer dar. Andernfalls ist bereitzustellen, was gerade möglich ist, während man sich den Rest unbegrenzt bildlich vorstellt. Das *Inspirationsgebet in Anrufung der Buddhas und Bodhisattvas um Errettung* ist siebenmal oder dreimal zu sprechen und dann sind das *Inspirationsgebet zur Errettung von der gefährlichen Gratwanderung des Bardo* sowie die *Hauptverse des Bardo* laut vorzutragen. Dann lese man die »Große Befreiung durch Hören« siebenmal oder dreimal.⸽
Es hat drei Teile: das Weisen des Glanzes im Bardo des Augenblickes vor dem Tod; die Große Mahnung des Weisens im Bardo der Dharmatā, und die Anweisungen zum Verschluß des Einganges in den Mutterschoß im Bardo des Werdens.⸽

Zuerst das Weisen des Glanzes im Bardo des Augenblickes vor dem Tod. Wird ihnen dieses vorgelesen, so werden alle Arten gewöhnlicher Menschen, die Unterweisung erhalten,

[3] Dharma-Brüder sind die Schüler des gleichen Guru.

[4] Die Drei Juwelen sind: der Buddha oder das Erleuchtungsprinzip; das Dharma, die Lehre von der Erleuchtung; und die Sangha, die Gemeinde, welche das Dharma übt.

aber nicht erkannt haben, obwohl sie einsichtig sind, oder die erkannt, aber wenig geübt haben, den grundlegenden Glanz erkennen und an der Bardo-Erfahrung vorbeigehen, um den ungeborenen Dharmakāya zu erreichen.⁝
Die Methode der Unterweisung: es ist das beste, wenn der Hauptguru, den der Verstorbene um Übermittlung der Lehre ersucht hat, anwesend sein kann; anderenfalls ein Dharma-Bruder, mit dem zusammen er das Samaya-Gelübde abgelegt hat, oder ein spiritueller Freund aus der gleichen Linie. Kann man keinen von diesen auffinden, dann sollte jemand, der klar und deutlich laut vorlesen kann, es mehrere Male verlesen. Dies wird ihn an das erinnern, was sein Guru ihm gewiesen hat; er wird sofort den grundlegenden Glanz erkennen und befreit sein, daran gibt es keinen Zweifel.⁝
Die Zeit der Unterweisung: sobald die Atmung aufgehört hat, wird der Prāna in die Weisheits-Dhūti absorbiert, und ein Glanz ohne jede Verwirrungen leuchtet klar im Bewußtsein auf. Wird der Prāna umgekehrt und entweicht in die rechten und linken Nādīs, dann tritt plötzlich der Bardo-Zustand ein; das Lesen sollte also erfolgen, bevor der Prāna in die rechten und linken Nādīs entweicht. Die Zeitdauer, während der das innere Pulsieren anhält, nachdem die Atmung aufgehört hat, ist etwa so lang, wie es dauert, eine Mahlzeit einzunehmen.⁝
Die Methode der Unterweisung: es ist am besten, das Ausschleudern des Bewußtseins kurz vor dem Augenblick zu vollziehen, in dem die Atmung aufhört; wurde es jedoch nicht vollzogen, dann spreche man diese Worte:⁝
»O Sohn edler Familie, (Name), nun ist die Zeit für dich gekommen, einen Pfad zu suchen. Sobald dein Atem aufhört, wird dir erscheinen, was man den grundlegenden Glanz des ersten Bardo nennt, welchen dein Guru dir bereits gewiesen hat. Dies ist die Dharmatā, offen und leer wie der Raum, glänzende Leere, reiner nackter Geist ohne Mittelpunkt oder Umfang. Erkenne sodann und verweile in jenem Zustand, und zugleich will auch ich dich weisen.«⁝
Dies pflanze man fest in seinen Geist ein, indem man es ihm viele Male wiederholt ins Ohr spricht, so lange, bis er aufhört

zu atmen. Dann, wenn man bemerkt, daß der Atem aufhört, sollte man ihn hinlegen auf die rechte Seite in der Löwen-Haltung[5], und fest auf die beiden Arterien drücken, die den Schlaf herbeiführen, bis sie aufgehört haben zu pochen. So wird der Prāna, der in die Dhūti eingetreten ist, nicht zurückfließen können und wird mit Sicherheit durch das Brahmarandhra austreten.⸪

Nun lese man das Weisen. Zu dieser Zeit geht allen Lebewesen der erste Bardo auf, genannt der Glanz der Dharmatā, der unverzerrte Geist des Dharmakāya. Gewöhnliche Leute nennen diesen Zustand bewußtlos; denn der Prāna sinkt während des Zeitraumes zwischen dem Aufhören des Atems und dem Aufhören des Pulsschlages in die Avadhūti ein. Wie lange er anhält, ist ungewiß; es hängt ab von der Stärke der spirituellen Kraft und der Stufe der yogischen Schulung. Er dauert lange Zeit bei solchen, die viel geübt haben, beständig in der meditativen Übung der Stille und sehr sensibel waren. Bemüht man sich, einen solchen Menschen zu weisen, so wiederhole man die Unterweisung, bis eine gelbliche Ausscheidung aus seinen Körperöffnungen austritt. Bei bösen und unsensiblen Menschen ist dieser Zeitraum nicht länger als ein einziges Fingerschnippen, bei anderen jedoch so lange, wie es dauert, eine Mahlzeit einzunehmen. Da die meisten Sūtras und Tantras sagen, dieser bewußtlose Zustand dauere vier und einen halben Tag, sollte man sich bemühen, den Glanz während dieser Zeitdauer zu weisen.⸪

Die Methode der Unterweisung: Ist er dazu fähig, so wird der Sterbende nach den früher gegebenen Anweisungen mit sich selbst arbeiten. Kann er es jedoch nicht alleine, dann sollte sein Guru oder ein Schüler seines Guru, oder ein engbefreundeter Dharma-Bruder, in seiner Nähe bleiben und laut und deutlich die Abfolge der Symptome des Todes verlesen: »Nun ist das Anzeichen der Erde, die sich in Wasser auflöst, gegenwärtig; Wasser in Feuer, Feuer in Luft, Luft in Bewußt-

[5] Die Stellung von Gautama Buddha bei seinem Tod: ausgestreckt auf der rechten Seite liegend, mit der rechten Hand unter dem Kopf.

sein ...« Ist die Abfolge beinahe vollendet, ermutige man ihn, folgende Haltung anzunehmen: »O Sohn edler Familie«, oder, wenn er ein Guru war, »Ehrwürdiger Herr«, – »laß deine Gedanken nicht wandern«. Dies sage man ihm sanft ins Ohr. Ist es ein Dharma-Bruder oder jemand anderer, rufe man ihn beim Namen und spreche folgende Worte:

»O Sohn edler Familie, das, was Tod genannt wird, ist nun gekommen, also solltest du diese Haltung annehmen: ›Die Zeit meines Todes ist gekommen, und so werde ich, mit Hilfe dieses Todes, einzig die Haltung des erleuchteten Geisteszustandes annehmen, Freundlichkeit und Erbarmen, und werde vollkommene Erleuchtung erlangen zum Wohle aller Lebewesen, die unendlich sind wie der Raum. Mit dieser Haltung werde ich zu dieser besonderen Zeit zum Wohle aller Lebewesen den Glanz des Todes als den Dharmakāya erkennen, und indem ich in jenem Zustand die letzte Erkenntnis des Großen Symbols[6] erlange, will ich zum Wohle aller lebenden Wesen wirken. Erlange ich dies nicht, so will ich den Bardo-Zustand erkennen, wie er ist, und in Erlangung der unteilbaren Form des Großen Symbols im Bardo-Zustand will ich zum Besten aller Lebewesen, die unendlich sind wie der Raum, wirken auf jede erdenkliche Weise, die sie beeinflussen kann.‹ Ohne von dieser Haltung abzulassen, solltest du dich erinnern an alle Meditationsanweisungen, die du jemals erhalten hast, und solltest sie üben.«

Diese Worte spreche man klar erkennbar und mit den Lippen dicht bei seinem Ohr, um ihn an seine Übung zu erinnern, ohne daß seine Aufmerksamkeit auch nur für einen Moment abschweift. Dann, wenn die Atmung ganz zum Stillstand ge-

[6] Das Große Symbol (Tibetisch: phyag-rgya-chen-po, Sanskrit: Mahāmudrā) ist eine tantrische Meditationsübung, in der die Gesamtheit der Erfahrung in die Gottheit und das Mandala umgewandelt wird. In diesem Zustand entsteht die Große Glückseligkeit (Mahāsukha) aus der Einswerdung des männlichen und des weiblichen Aspekts der Übung, – der angemessenen Mittel oder Barmherzigkeit und der Erkenntnis oder Leere (upāya und prajñā). Es ist unmittelbare Wahrnehmung der Heiligkeit und Lebendigkeit des Lebens.

kommen ist, sollte man fest auf die Schlafarterien drücken und ihn mit diesen Worten erinnern, falls er ein Guru war oder ein spritueller Freund, der weiter fortgeschritten war, als man selbst:꞉
»Ehrwürdiger, nun strahlt der grundlegende Glanz vor dir, erkenne ihn und verweile in der Übung.«꞉
Und alle anderen sollte man folgendermaßen weisen:꞉
»O Sohn edler Familie, (Name), höre! Nun strahlt der reine Glanz der Dharmatā vor dir; erkenne ihn! O Sohn edler Familie, in diesem Augenblick ist dein Geisteszustand dem Wesen nach reine Leere, er hat keine besondere Eigenart, weder Substanz noch eine Eigenschaft wie Farbe, sondern ist reine Leere; dies ist die Dharmatā, der weibliche Buddha Samantabhadrī. Aber dieser Geisteszustand ist nicht die Leere des Nichts, er ist ungehindert, funkelnd, klar und vibrierend; dieser Geist ist der männliche Buddha Samantabhadra.[7] Diese beiden, dein Geist, dessen Wesen Leere ohne jegliche Substanz ist, und dein Geist, der vibrierend und gleißend ist, sind untrennbar; dies ist der Dharmakāya des Buddha. Dieser dein Geist ist untrennbar Glanz und Leere in der Form einer Überfülle von Licht, er kennt nicht Geburt noch Tod, darum ist er der Buddha des Unsterblichen Lichtes. Dies zu erkennen, ist das einzig Nötige. Erkennst du dieses reine Wesen deines Geistes als den Buddha, so ist das Schauen deines eigenen Geistes das Ruhen im Buddha-Geist.«꞉
Dies sollte dreimal oder siebenmal wiederholt werden, klar und deutlich. Einmal wird es ihn an das erinnern, was sein Guru ihm früher schon gewiesen hat; zum anderen wird er seinen eigenen nackten Geist als den Glanz erkennen; und drittens wird er, indem er sich wiedererkennt, mit dem Dhar-

[7] Samantabhadra und Samantabhadrī (Tibetisch: kun-tu-bzang-po und kun-tu-bzang-mo) symbolisieren die Untrennbarkeit von Erbarmen und Erkenntnis, den beiden Koeffizienten der Erleuchtung. Als Verkörperung des Dharmakāya sind sie der Ursprung der fünf Buddha-Familien, welche aus ihnen ausstrahlen und auf der Sambhogakāya-Ebene erscheinen. In diesem Sinne ist Samantabhadra in der Nyingma-Tradition als der Ādibuddha oder Urbuddha bekannt. Samantabhadra ist auch der Name eines Bodhisattvas, der am dritten Tag des Bardo erscheint.

makāya untrennbar einswerden und mit Sicherheit Befreiung erlangen.⁝

Erkennt er den ersten Glanz wieder, so wird er befreit sein. Ist jedoch zu befürchten, daß er den ersten Glanz nicht erkannt hat, dann wird aufleuchten, was man den zweiten Glanz nennt; das geschieht, wenn nach dem Atemstillstand die Zeitdauer für das Einnehmen einer Mahlzeit um ein Weniges überschritten ist.⁝

Je nach dem guten oder schlechten Karma entweicht der Prāna in die rechte oder linke Nādī und tritt durch die Körperöffnungen aus: das Bewußtsein wird plötzlich klar. Wenn man sagt, bis dahin dauere es etwa so lange, wie man braucht, eine Mahlzeit einzunehmen, so hängt das davon ab, ob er sensibel oder unsensibel ist, und ob er geübt hat, oder nicht. Dann taucht sein Bewußtsein wieder auf, und er weiß nicht, ob er tot ist oder nicht. Er wird seine Verwandten versammelt sehen, genauso wie vorher, und wird ihr Klagen hören.⁝

Während dieser Zeit, solange die heftigen und wirren Projektionen des Karma noch nicht erschienen sind, und die Schrekken der Herren des Todes sich noch nicht eingestellt haben, sollten die Unterweisungen gegeben werden. Man macht hier einen Unterschied zwischen der Vollkommenen Übung und der Übung Bildlicher Vorstellung.[8] Hat er mit der Vollkommenen Übung gearbeitet, rufe man ihn dreimal beim Namen und wiederhole die Unterweisungen, die oben zum Weisen des Glanzes gegeben wurden. Hat er mit der Übung Bildlicher Vorstellung gearbeitet, dann lese man laut das Sādhana und die Beschreibung seines Yidam[9], und erinnere ihn mit

[8] Diese Übungen sind zwei sich ergänzende Meditationspraktiken im tantrischen Yoga. Bei der Übung Bildlicher Vorstellung (Tibetisch: bskyed-rim, Sanskrit: utpattikrama) stellt sich der Yogin die Gottheiten bildlich vor und identifiziert sich mit ihnen; in der Vollkommenen Übung (Tibetisch: rdzogs-rim, Sanskrit: sampannakrama) ist alles in Leere und Formlosigkeit aufgelöst.

[9] Der Yidam ist eine bestimmte Gottheit, die das inhärente erleuchtete Wesen des Schülers repräsentiert. Der Guru wählt ihn für den Schüler aus, je nach dessen Charaktereigenschaften und der Übung mit der er arbeitet. Es heißt, Avalokiteśvara, der Herr des Großen Erbarmens sei für jedermann geeignet, so daß ein »gewöhnlicher Mensch«, der keinen besonderen Yidam erhalten hat, über ihn meditieren sollte.

diesen Worten: »O Sohn edler Familie, meditiere über deinen Yidam und lasse dich nicht ablenken. Sammele dich ausschließlich auf deinen Yidam. Stelle ihn dir vor als eine Erscheinung ohne eigene Substanz, so wie der Mond im Wasser; stelle ihn dir nicht vor, als hätte er eine materielle Form.« Einen gewöhnlichen Menschen weise man mit den Worten: »Meditiere über den Herrn des Großen Erbarmens.« ꞉

Es gibt keinen Zweifel, daß jene, die den Bardo nicht erkannt haben, ihn erfassen werden, wenn sie auf diese Art gewiesen werden. Aber jene, die nicht geübt waren in der Meditation, werden, selbst wenn ihr Guru sie zu Lebzeiten gewiesen hat, nicht fähig sein, den Bardo-Zustand selbständig zu klären, so daß ein Guru oder Dharma-Bruder ihn erläutern muß. Es ist auch notwendig, jene zu weisen, die sich im Bardo des Augenblickes vor dem Tod nicht erinnern konnten, da sie durch schwere Krankheit verwirrt waren, selbst wenn sie in der Meditation erfahren waren. Und es ist von größter Notwendigkeit für jene, die, obwohl sie früher in der Meditation auf diesem Pfad geschult waren, in niedere Existenzformen eintreten könnten, da sie die Gebote gebrochen oder ihre Samaya-Übung vernachlässigt haben. ꞉

Es ist das Beste, wenn er während des ersten Bardo versteht. Hat er jedoch nicht verstanden, wird seine Einsicht durch die Mahnung im zweiten Bardo geweckt, und er wird befreit sein. Während des zweiten Bardo wird sein Bewußtsein, das nicht wußte, ob er tot ist oder nicht, plötzlich klar; dies nennt man den Reinen Trugkörper. Versteht er die Lehre zu dieser Zeit, dann kommen die Dharmatā der Mutter und die Dharmatā des Sohnes zusammen, und er ist nicht länger vom Karma bestimmt. So wie das Licht der Sonne die Dunkelheit überwindet, so wird die Macht des Karma vom Glanz des Pfades überwunden, und Befreiung wird erreicht. Das, was man das zweite Bardo nennt, strahlt vor dem Gedankenkörper, und das Bewußtsein vermag wieder zu hören, genau wie vorher. Wird die Unterweisung zu dieser Zeit verstanden, so ist der Zweck erfüllt, und da die verblendeten Projektionen des

Karma noch nicht erschienen sind, ist er in der Lage, sich überallhin zu lenken.⁝

Auf diese Art und Weise wird er befreit, indem er den Glanz während des zweiten Bardo erkennt, selbst wenn er den grundlegenden Glanz nicht erkannt hat. Wird er hierdurch jedoch nicht befreit, dann dämmert ihm, was man den dritten Bardo nennt, der Bardo der Dharmatā. Die verblendeten Projektionen des Karma werden im dritten Bardo erscheinen. Deshalb ist es äußerst wichtig, daß das große Weisen des Bardo der Dharmatā zu dieser Zeit gelesen wird, denn es ist sehr mächtig und hilfreich.⁝

Zu dieser Zeit weinen und klagen seine Verwandten, er bekommt nicht mehr seinen Teil vom Essen, seine Kleider werden entfernt, man zerlegt sein Bett und so weiter. Er kann sie sehen, aber sie können ihn nicht sehen, er hört, wie sie ihn rufen, aber sie hören nicht, wie er sie ruft, und so geht er voller Verzweiflung von dannen. Drei Phänomene werden zu dieser Zeit erscheinen: Geräusche, farbiges Licht und Lichtstrahlen, und er wird schwach werden vor Furcht, Schrecken und Verwirrung; so sollte man zu diesem Zeitpunkt das große Weisen des Bardo der Dharmatā lesen. Indem man den toten Menschen beim Namen ruft, spreche man sehr deutlich diese Worte:⁝

»O Sohn edler Familie, höre aufmerksam zu und ohne abzuschweifen! Es gibt sechs Bardo-Zustände: den Bardo der Geburt, den Bardo der Träume, den Bardo der Samādhi-Meditation, den Bardo des Augenblickes vor dem Tod, den Bardo der Dharmatā und den Bardo des Werdens. O Sohn edler Familie, du erfährst drei Bardo-Zustände: den Bardo des Augenblickes vor dem Tod, den Bardo der Dharmatā und den Bardo des Werdens. Von diesen dreien strahlte bis gestern der Glanz der Dharmatā im Bardo des Augenblickes vor dem Tod, aber du hast ihn nicht erkannt und mußtest also hierher wandern. Nun wirst du den Bardo der Dharmatā und den Bardo des Werdens erfahren, so erkenne unbeirrt, was ich dir weisen werde.⁝

»O Sohn edler Familie, nun ist gekommen, was man den Tod nennt. Nicht allein du verläßt die Welt; dieses geschieht jedermann, so fühle kein Verlangen und keine Sehnsucht nach diesem Leben. Auch wenn du Verlangen und Sehnsucht fühlst, kannst du nicht bleiben, du kannst einzig im Samsāra umherirren. Verlange nicht, sehne dich nicht! Erinnere dich der Drei Juwelen. O Sohn edler Familie, was auch an erschreckenden Projektionen im Bardo der Dharmatā erscheinen mag, vergiß nicht diese Worte, erinnere dich ihres Sinnes und schreite damit voran; wesentlich ist, mit ihnen zu erkennen:⁝

So mir nun der Bardo der Dharmatā aufgeht,
Will ich alle Gedanken von Furcht und Schrecken aufgeben,
Will alles, was erscheint, als meine Projektion erkennen
Und wissen, daß es eine Vision des Bardo ist;
Nun, angelangt an diesem Wendepunkt,
Will ich die Friedlichen und Rasenden, meine eigenen Projektionen, nicht fürchten.⁝

»Schreite voran, indem du diese Worte klar und deutlich aussprichst, und erinnere dich an ihren Sinn. Vergiß sie nicht, denn wesentlich ist, mit Sicherheit zu erkennen, daß alles was erscheint, wie erschreckend es auch sein mag, deine eigene Projektion ist.⁝
»O Sohn edler Familie, sobald dein Körper und dein Geist sich trennen, wird die Dharmatā erscheinen, rein und klar und doch schwer erkennbar, glänzend und funkelnd, von erschreckender Helle, schimmernd wie eine Luftspiegelung über einer Ebene im Frühling. Fürchte dich nicht davor und lasse dich nicht beirren. Das ist die natürliche Strahlung deiner eigenen Dharmatā; also erkenne sie.⁝
»Aus dem Licht wird ein Donnerrollen ertönen, das natürliche Geräusch der Dharmatā, wie tausend zugleich dröhnende Donnerschläge. Das ist das natürliche Geräusch der Dharmatā, also fürchte dich nicht und lasse dich nicht beirren. Du hast, was man einen Gedankenkörper aus unbewußten Nei-

gungen nennt, du hast keinen physischen Körper aus Fleisch und Blut; also welche Geräusche, Farben und Lichtstrahlen auch auftreten, sie können dir nichts anhaben, und du kannst nicht sterben. Es ist genug, sie einfach als deine Projektionen zu erkennen. Wisse, dies ist der Bardo-Zustand. ⁝

»O Sohn edler Familie, wenn du sie nicht derart als deine Projektionen erkennst, welche Meditationsübungen du auch immer zu Lebzeiten verrichtet hast, solltest du dieser Lehre nicht begegnet sein, werden die farbigen Lichter dich fürchten machen, die Geräusche werden dich verwirren und die Lichtstrahlen werden dich erschrecken. Verstehst du diesen wesentlichen Punkt der Lehre nicht, wirst du die Geräusche, Lichter und Strahlen nicht erkennen und wirst darum im Samsāra umherirren. ⁝

»O Sohn edler Familie, nachdem du für vier und einen halben Tag bewußtlos warst, wirst du nun weitergehen, und, aus der Ohnmacht erwacht, wirst du dich fragen, was dir geschehen ist; also erkenne dies als den Bardo-Zustand. Zu jener Zeit wird der Samsāra umgekehrt, und alles was du siehst, erscheint als Lichter und Bilder. ⁝

»Der ganze Raum wird strahlen in einem blauen Licht und der Erhabene Vairocana wird vor dir erscheinen aus dem mittleren Bereich, dem Alldurchdringenden Kreis. Sein Körper ist von weißer Farbe, er sitzt auf einem Löwenthron, hält ein achtspeichiges Rad in der Hand und umarmt seine Gefährtin, die Königin des Vajra-Raumes. Das blaue Licht des Skandha des Bewußtseins in seiner grundlegenden Reinheit, die Weisheit der Dharmadhātu, glänzend, klar, blendend und funkelnd, wird dir aus dem Herzen von Vairocana und seiner Gefährtin entgegenkommen und dich durchbohren, so daß deine Augen den Anblick kaum ertragen können. Zugleich wird auch das milde weiße Licht der Götter dir entgegenkommen und dich durchdringen. Zu jener Zeit, unter dem Einfluß des schlechten Karma, wird die Weisheit des Dharmadhātu mit ihrem gleißenden blauen Licht dich erschrecken, so daß du es fliehen möchtest, aber zu dem milden weißen Licht der Götter wirst du Zuneigung empfinden. Sei in diesem Augenblick nicht erschreckt und verwirrt von dem glänzenden, funkelnden, gleißenden und klaren blauen Licht der Höchsten Weisheit, denn es ist der Lichtstrahl des Buddha, genannt die Weisheit der Dharmadhātu. Überlasse dich ihm in Glauben und Hingabe, und flehe es an, indem du denkst, ›Es ist der Lichtstrahl des Erbarmens des Erhabenen Vairocana, ich nehme Zuflucht dazu.‹ Es ist der Erhabene Vairocana, der kommt, dich zu empfangen auf dem schmalen Pfad über den Abgrund des Bardo; es ist der Lichtstrahl des Erbarmens des Vairocana.꞉

»Empfinde keine Zuneigung zu dem milden weißen Licht der Götter, lasse dich nicht anziehen davon, sehne dich nicht danach. Wirst du angezogen davon, so wirst du abirren in den Bereich der Götter und kreisen durch die sechs Arten der Existenz. Es ist ein Hindernis, das den Pfad der Befreiung versperrt, darum beachte es nicht, sondern fühle dich einzig hingezogen zu dem hellen blauen Licht und sprich mir dieses Inspirationsgebet nach mit inbrünstiger Sammlung auf den Erhabenen Vairocana:꞉

So ich ob großen Unverstandes wandere im Samsāra,
Auf glänzendem Lichtpfad der Dharmadhātu-Weisheit,
Schreite mir der Erhabene Vairocana voran,
Seine Gefährtin, Königin des Vajra-Raums, im Rücken;
O steht mir bei auf der gefährlichen Gratwanderung des Bardo,
Geleitet mich zur vollkommenen Buddhaschaft.«

Indem er dieses Inspirationsgebet mit ganzer Hingabe spricht, wird er in Regenbogenlicht im Herzen des Erhabenen Vairocana und seiner Gefährtin aufgehen und ein Sambhogakāya-Buddha werden im mittleren Bereich, dem Dicht Versammelten.

Fürchtet er jedoch infolge seiner Aggression und seiner neurotischen Schleier die Lichter und Strahlen, auch nachdem er gewiesen wurde, und entflieht, und ist er selbst nach dem Sprechen des Gebetes noch verblendet, dann wird am zweiten Tag der Kreis der Vajrasattva-Gottheiten kommen, ihn einzuladen, zugleich mit seinem schlechten Karma, das zur Hölle führt. So rufe man, um ihn zu weisen, den toten Menschen beim Namen und spreche diese Worte:

»O Sohn edler Familie, höre unbeirrt! Am zweiten Tag wird ein weißes Licht, das geläuterte Element des Wassers strahlen, und zugleich wird der Erhabene Vajrasattva-Akṡobhya aus dem blauen östlichen Bereich der Vollkommenen Freude vor dir erscheinen. Sein Körper ist von blauer Farbe, er hält einen fünfzackigen Vajra in der Hand, sitzt auf einem Elephantenthron und umarmt seine Gefährtin Buddha-Locanā. Er ist begleitet von den beiden männlichen Bodhisattvas, Kṡitigarbha und Maitreya, und den beiden weiblichen Bodhisattvas Lāsyā und Puṡpā, so daß sechs Buddha-Formen erscheinen.

»Das weiße Licht des Skandha der Form in seiner grundlegenden Reinheit, die Spiegelgleiche Weisheit, blendend weiß, glänzend und klar, wird dir aus dem Herzen des Vajrasattva und seiner Gefährtin entgegenkommen und dich durchbohren, so daß deine Augen den Anblick kaum ertragen können.

Zugleich wird dir auch, zusammen mit dem Weisheitslicht, das milde rauchige Licht der Höllenwesen entgegenkommen und dich durchdringen. Zu jener Zeit, unter dem Einfluß der Agression, wird das gleißende Licht dich erschrecken, so daß du es fliehen möchtest, aber zu dem milden rauchigen Licht der Höllenwesen wirst du Zuneigung empfinden. In jenem Augenblick fürchte dich nicht vor dem blendenden, funkelnden, glänzenden und klaren weißen Licht, sondern erkenne es als Weisheit. Überlasse dich ihm in Glauben und Hingabe, und flehe es an, indem du denkst, ›Es ist der Lichtstrahl des

Erbarmens des Erhabenen Vajrasattva, ich nehme Zuflucht dazu.‹ Es ist der Erhabene Vajrasattva, der kommt, dich zu empfangen in den Schrecken des Bardo; es ist der Lichtstrahl-Haken des Erbarmens des Vajrasattva, also fühle dich hingezogen zu ihm.⸫

»Empfinde keine Zuneigung zu dem milden rauchigen Licht der Höllenwesen. Dies ist der einladende Pfad deiner neurotischen Schleier, angesammelt durch heftige Aggression. Wirst du hingezogen dazu, so wirst du hinabstürzen in die Hölle, versinken im schlammigen Sumpf unerträglichen Leids, von dem es niemals ein Entrinnen gibt. Es ist ein Hindernis, das den Pfad der Befreiung versperrt, darum beachte es nicht, sondern lasse von der Aggression. Lasse dich nicht anziehen davon, sehne dich nicht danach. Fühle einzig Verlangen nach dem glänzenden, funkelnden, weißen Licht, und sprich dieses Inspirationsgebet mit inbrünstiger Sammlung auf den Erhabenen Vajrasattva:⁝

So ich ob heftiger Aggression wandere im Samsāra,
Auf glänzendem Lichtpfad der Spiegelgleichen Weisheit,
Schreite mir der Erhabene Vajrasattva voran,
Seine Gefährtin Buddha-Locanā im Rücken;
O steht mir bei auf der gefährlichen Gratwanderung des Bardo,
Geleitet mich zur vollkommenen Buddhaschaft.«⁝

Indem er dieses Inspirationsgebet mit ganzer Hingabe spricht, wird er in Regenbogenlicht im Herzen des Vajrasattva aufgehen und ein Sambhogakāya-Buddha werden im östlichen Bereich der Vollkommenen Freude.⁝
Doch selbst nachdem sie derart gewiesen wurden, fürchten manche Menschen als Folge ihres Stolzes und ihrer neurotischen Schleier den Lichtstrahl-Haken des Erbarmens, und sie entfliehen. So wird dann am dritten Tag der Kreis der Gottheiten des Erhabenen Ratnasambhava kommen, sie einzuladen, zugleich mit dem Lichtpfad zum Bereich der Menschenwesen. Um ihn darum erneut zu weisen, rufe man den toten Menschen beim Namen und spreche diese Worte:⁝
»O Sohn edler Familie, höre unbeirrt. Am dritten Tag wird ein gelbes Licht, das geläuterte Element der Erde strahlen, und zugleich wird der Erhabene Ratnasambhava vor dir erscheinen aus dem gelben südlichen Bereich, dem Prächtigen. Sein Körper ist von gelber Farbe, er hält ein wunscherfüllendes Juwel in der Hand, sitzt auf einem Pferdethron und umarmt seine Gefährtin Māmakī. Er ist begleitet von den beiden männlichen Bodhisattvas Ākāśagarbha und Samantabhadra und den beiden weiblichen Bodhisattvas Mālā und Dhūpā, so daß sechs Buddha-Formen erscheinen aus dem Raum des Regenbogenlichtes.⁝

»Das gelbe Licht des Skandha der Empfindung in seiner grundlegenden Reinheit, die Weisheit der Wesensgleichheit, strahlend gelb, verherrlicht mit Lichträdern, glänzend und klar, kaum erträglich für die Augen, wird dir aus dem Herzen von Ratnasambhava und seiner Gefährtin entgegenkommen und dein Herz durchbohren, so daß deine Augen den Anblick kaum ertragen können. Zugleich wird auch, zusammen mit dem Weisheitslicht, das milde blaue Licht der Menschenwesen dein Herz durchdringen. Zu jener Zeit, unter dem Einfluß des Stolzes, wird das gleißende, klare gelbe Licht dich er-

schrecken, so daß du es fliehen möchtest, aber du wirst Zuneigung empfinden zu dem milden blauen Licht der Menschenwesen und wirst dich davon angezogen fühlen. In jenem Augenblick fürchte dich nicht vor dem gelben Licht, glänzend und klar, blendend und hell, sondern erkenne es als Weisheit. Lasse deinen Geist darin ruhen, entspannt, im Zustand der Absichtslosigkeit, und lasse dich voller Hingabe davon anziehen. Erkennst du es als die natürliche Strahlung deines eigenen Geistes, dann werden, auch wenn du keine Hingabe verspürst und das Inspirationsgebet nicht sprichst, alle Formen, Lichter und Strahlen untrennbar mit dir verschmelzen und du wirst Erleuchtung erlangen. Vermagst du es nicht als die natürliche Strahlung deines eigenen Geistes zu erkennen, flehe es voller Hingabe an, indem du denkst, ›Es ist der Lichtstrahl des Erbarmens des Erhabenen Ratnasambhava, ich nehme Zuflucht dazu.‹ Es ist der Lichtstrahlhaken des Erbarmens des Erhabenen Ratnasambhava, also fühle dich hingezogen zu ihm. ⁝

»Empfinde keine Zuneigung zum milden blauen Licht der Menschenwesen. Das ist der einladende Lichtpfad der unbewußten Neigungen, angesammelt durch deinen übermäßigen Stolz. Läßt du dich anziehen davon, so wirst du fallen in den menschlichen Bereich und dort Geburt, Alter, Tod und Leid erfahren und dem schlammigen Sumpf des Samsāra niemals entrinnen. Es ist ein Hindernis, das den Pfad der Befreiung versperrt, darum beachte es nicht, sondern lasse vom Stolz, begib dich deiner unbewußten Neigungen. Lasse dich nicht anziehen davon, sehne dich nicht danach. Fühle einzig Verlangen nach dem glänzenden, funkelnden gelben Licht und sprich dieses Inspirationsgebet mit inbrünstiger, allein auf den Erhabenen Ratnasambhava gerichteter Sammlung: ⁝

So ich ob übermäßigem Stolz wandere im Samsāra,
Auf glänzendem Lichtpfad der Gleichheitsweisheit,
Schreite mir der Erhabene Ratnasambhava voran,
Seine Gefährtin Māmakī im Rücken;
O steht mir bei auf der gefährlichen Gratwanderung des Bardo,
Geleitet mich zur vollkommenen Buddhaschaft.« ⁝

Indem er dieses Inspirationsgebet mit ganzer Hingabe spricht, wird er in Regenbogenlicht im Herzen des Erhabenen Ratnasambhava und seiner Gefährtin aufgehen und ein Sambhogakāya-Buddha werden im südlichen Bereich, dem Prächtigen. ⁝

Wird man auf diese Art gewiesen, ist die Befreiung sicher, wie schwach die eigene Begabung auch sein mag. Doch sogar nachdem sie derart wiederholt gewiesen wurden, erkennen manche Leute, denen sich keine gute Gelegenheiten mehr bietet, wie zum Beispiel solche, die großes Übel getan haben, oder solche, die ihre Samaya-Übung vernachlässigt haben, immer noch nicht. Verblendet von Begierde und neurotischen Schleiern werden sie sich vor den Klängen und Lichtern fürchten und fliehen. So kommt dann am vierten Tag der Kreis der Gottheiten des Erhabenen Amitābha sie einzuladen, zugleich mit dem Lichtpfad der Hungrigen Geister, entstanden aus Begierde und Geiz. Um ihn erneut zu weisen, rufe man den toten Menschen beim Namen und spreche diese Worte:༔

»O Sohn edler Familie, höre unbeirrt! Am vierten Tag wird ein rotes Licht, das geläuterte Element des Feuers strahlen, und zugleich wird der Erhabene Amitābha vor dir erscheinen, aus dem roten westlichen Bereich, dem Glückseligen. Sein Körper ist von roter Farbe, er hält einen Lotus in der Hand, sitzt auf einem Pfauenthron und umarmt seine Gefährtin Pāndaravāsinī. Er ist begleitet von den beiden männlichen

Bodhisattvas Avalokiteśvara und Mañjuśrī und den beiden weiblichen Bodhisattvas Gītā und Alokā, so daß sechs Buddha-Formen erscheinen aus dem Raum des Regenbogenlichtes.⸪

»Das rote Licht des Skandha der Wahrnehmung in seiner grundlegenden Reinheit, die Weisheit der Unterscheidung, strahlend rot, verherrlicht mit Lichträdern, glänzend und klar, blendend und hell, wird dir aus dem Herzen von Amitābha und seiner Gefährtin entgegenkommen und dein Herz durchbohren, so daß deine Augen seinen Anblick kaum ertragen können. Fürchte dich nicht davor. Zugleich, zusammen mit dem Weisheitslicht, wird auch das milde gelbe Licht der Hungrigen Geister leuchten. Empfinde nicht Zuneigung dazu; lasse von Begehren und Verlangen.⸪

»Zu jener Zeit, unter dem Einfluß von brennender Begierde, wirst du vor dem gleißenden roten Licht zurückschrecken, so daß du es fliehen möchtest, aber du wirst Zuneigung zu und Verlangen nach dem milden gelben Licht der Hungrigen Geister empfinden. In jenem Augenblick, fürchte dich nicht vor dem roten Licht, blendend und funkelnd, glänzend und klar, sondern erkenne es als Weisheit. Lasse deinen Geist darin ruhen, entspannt in einem Zustand der Absichtslosigkeit. Überlasse dich ihm voller Glauben und Hingabe. Erkennst du es als deine eigene natürliche Strahlung, dann werden, auch wenn du nicht voller Hingabe bist und das Inspirationsgebet nicht sprichst, alle die Formen und Lichter und Strahlen untrennbar mit dir verschmelzen, und du wirst Erleuchtung erlangen. Vermagst du es jedoch nicht derart zu erkennen, dann flehe es voller Hingabe an, indem du denkst, ›Es ist der Lichtstrahl-Haken des Erbarmens des habenen Amitābha, ich nehme Zuflucht dazu.‹ Sei voller Hingabe und fliehe nicht. Selbst wenn du fliehst, wird es untrennbar mit dir verbunden bleiben.⸪

»Fürchte dich nicht, lasse dich nicht anziehen vom milden gelben Licht der Hungrigen Geister. Das ist der Lichtpfad unbewußter Neigungen, angesammelt durch deine brennende Begierde. Wirst du hingezogen dazu, so wirst du abstürzen in den Bereich der Hungrigen Geister und unerträgliche Qualen des Hungers und des Durstes leiden. Es ist ein Hindernis, das den Pfad der Befreiung versperrt, darum lasse dich nicht anziehen davon, sondern begib dich deiner unbewußten Neigungen. Sehne dich nicht danach. Verlange einzig nach dem glänzenden, funkelnden roten Licht, und sprich dieses Inspirationsgebet mit inbrünstiger, einzig auf den Erhabenen Amitābha und seine Gefährtin gerichteter Sammlung: ⁝

So ich ob brennender Begierde wandere im Samsāra,
Auf glänzendem Lichtpfad der Unterscheidenden Weisheit,
Schreite mir der Erhabene Amitābha voran,
Seine Gefährtin Pāndaravāsinī im Rücken;
O steht mir bei auf der gefährlichen Gratwanderung im Bardo,
Geleitet mich zur vollkommenen Buddhaschaft.« ⁝

Indem er dieses Inspirationsgebet mit ganzer Hingabe spricht, wird er in Regenbogenlicht im Herzen des Erhabenen Amitābha, des Grenzenlosen Lichtes, und seiner Gefährtin aufgehen und ein Sambhogakāya-Buddha werden im westlichen Bereich, dem Glückseligen. ⁝
Es ist unmöglich, hierdurch nicht befreit zu werden, und doch können die Lebewesen, selbst nachdem sie derart gewiesen wurden, ihre unbewußten Neigungen ob langer Gewöhnung nicht aufgeben, und unter dem Einfluß von Neid und schlechtem Karma fürchten sie die Klänge und Lichter; sie werden nicht gefangen vom Lichtstrahl-Haken des Erbarmens, sondern wandern hinab zum fünften Tag des Bardo-Zustandes. So kommt dann der Kreis der Gottheiten des Erhabenen Amoghasiddhi mit seinen Lichtstrahlen des Erbarmens, sie einzuladen, und auch der Lichtpfad der Eifersüchtigen Götter, entstanden aus der Empfindung des Neides, wird sie einladen. Sodann, ihn wiederum zu weisen, rufe man den toten Menschen beim Namen und spreche diese Worte: ⁝

»O Sohn edler Familie, höre unbeirrt! Am fünften Tag wird ein grünes Licht, das geläuterte Element der Luft strahlen, und zugleich wird der Erhabene Amoghasiddhi, der Herr jenes Kreises, vor dir erscheinen aus dem grünen nördlichen Bereich der Gespeicherten Handlungen. Sein Körper ist von grüner Farbe, er hält einen Doppelvajra in der Hand, sitzt auf einem Thron durch den Himmel ziehender Shang-Shang-Vögel und umarmt seine Gefährtin Samaya-Tārā. Er ist begleitet von den beiden männlichen Bodhisattvas Vajrapāni und Sarvanivaranaviṡkambhin und den beiden weiblichen Bodhisattvas Gandhā und Naivedyā, so daß sechs Buddha-Formen aus dem Raum des Regenbogenlichtes erscheinen.⁝

»Das grüne Licht des Skandha der Geistesregung in seiner grundlegenden Reinheit, die Allesvollendende Weisheit, strahlend grün, glänzend und klar, blendend und erschrekkend, verherrlicht mit Lichträdern, wird dir aus dem Herzen von Amoghasiddhi und seiner Gefährtin entgegenkommen und dein Herz durchbohren, so daß deine Augen den Anblick kaum ertragen können. Fürchte dich nicht davor! Es ist das spontane Spiel deines eigenen Geistes, darum verharre in jenem höchsten von aller Absicht und aller Sorge freien Zustand, in dem es weder nah noch fern gibt, weder Liebe noch Haß. Zugleich, zusammen mit dem Weisheitslicht, wird das milde rote Licht der Eifersüchtigen Götter, verursacht vom Neid, dir entgegenstrahlen. Meditiere darüber, so daß es keine Trennung gebe von Liebe und Haß. Ist deine Einsicht jedoch schwach, dann fühle einfach keine Zuneigung dazu.༔

»Zu jener Zeit, unter dem Einfluß bohrenden Neides, wird das gleißende grüne Licht dich erschrecken, so daß du es fliehen möchtest, aber du wirst Zuneigung zu und Verlangen nach dem milden roten Licht der Eifersüchtigen Götter empfinden. In jenem Augenblick fürchte dich nicht vor dem grünen Licht, blendend und funkelnd, glänzend und klar, sondern erkenne es als Weisheit. Laß deinen Geist darin ruhen, entspannt, in einem Zustand der Absichtslosigkeit, und flehe es voller Hingabe an, indem du denkst, ›Es ist der Lichtstrahl des Erbarmens des Erhabenen Amoghasiddhi, ich nehme Zuflucht dazu.‹ Es ist der Lichtstrahl-Haken des Erbarmens des Erhabenen Amoghasiddhi, genannt die Allesvollendende Weisheit, darum verlange danach und fliehe nicht. Selbst wenn du fliehst, wird es untrennbar mit dir verbunden bleiben.༔

»Fürchte dich nicht davor, lasse dich nicht anziehen vom milden roten Licht der Eifersüchtigen Götter. Das ist der einladende Lichtpfad des Karma, angesammelt durch deinen bohrenden Neid. Wirst du hingezogen dazu, so wirst du fallen in den Bereich der Eifersüchtigen Götter und wirst unerträgliches Leid durch Kampf und Streit erfahren. Es ist ein Hindernis, das den Pfad der Befreiung versperrt, darum lasse dich nicht anziehen davon, sondern begib dich deiner unbewußten Neigungen. Verlange nach dem glänzenden, funkelnden grünen Licht und sprich dieses Inspirationsgebet mit inbrünstiger, allein auf den Erhabenen Amoghasiddhi und seine Gefährtin gerichteter Sammlung:༔

So ich ob bohrendem Neid wandere im Samsāra,
Auf glänzendem Lichtpfad der Allesvollendenden Weisheit,
Schreite mir der Erhabene Amoghasiddhi voran,
Seine Gefährtin Samaya-Tārā im Rücken;
O steht mir bei auf der gefährlichen Gratwanderung des Bardo,
Geleitet mich zur vollkommenen Buddhaschaft.«ঃ

Indem er dieses Inspirationsgebet mit ganzer Hingabe spricht, wird er in Regenbogenlicht im Herzen des Amoghasiddhi und seiner Gefährtin aufgehen und ein Sambhogakāya-Buddha werden im nördlichen Bereich der Vollendeten Handlungen.ঃ

Wie schwach die Auswirkungen seines guten Karma auch sein mögen, indem man ihn derart in viele Etappen weist, wird er, erkennt er nicht in der einen, doch in der anderen erkennen, so daß es unmöglich ist, nicht befreit zu werden. Doch selbst nachdem man sie derart viele Male gewiesen hat, werden jene, denen über lange Zeit hin unbewußte Neigungen zur Gewohnheit geworden sind und die niemals die reinen Visionen der fünf Weisheiten kennengelernt haben, von ihren üblen Neigungen zurückgetragen, auch wenn sie gewiesen werden, so daß sie vom Lichtstrahl-Haken des Erbarmens nicht eingefangen, sondern verwirrt und erschreckt werden von den Lichtern und Strahlen, und sie wandern abwärts. So erscheinen dann am sechsten Tag gleichzeitig die Buddhas der fünf Familien mit ihren Gefährtinnen und begleitenden Gottheiten, und zugleich werden auch die Lichter der sechs Bereiche leuchten.ঃ

Um ihn zu weisen, rufe man den toten Menschen beim Namen und spreche diese Worte:ঃ

»O Sohn edler Familie, höre unbeirrt! Selbst als du gewiesen wurdest, solange die Lichter der einzelnen fünf Familien bis gestern erschienen, ließest du dich unter dem Einfluß übler Neigungen von ihnen verwirren, und so bist du bis jetzt hier geblieben. Hättest du die natürliche Strahlung der Weisheiten

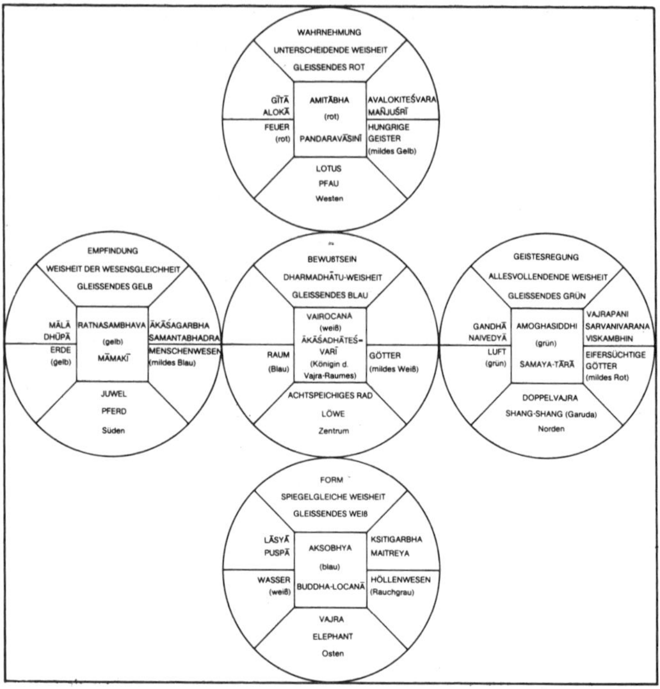

Mandala der friedlichen Gottheiten, dic während der ersten fünf Tage des Bardo der Dharmatā erscheinen

Schlüssel:

jener Familien als deine eigene Projektion erkannt, so hättest du dich in dem Kreis einer der fünf Familien in Regenbogenlicht aufgelöst und wärest ein Sambhogakāya-Buddha geworden; da du jedoch nicht erkannt hast, mußtest du bis hierher weiterwandern. Darum schaue nun unbeirrt.

»Nun werden die fünf Familien alle zusammen erscheinen, und was da heißt die Vier Kombinierten Weisheiten wird kommen, dich einzuladen; erkenne sie! O Sohn edler Familie, die vier farbigen Lichter der vier geläuterten Elemente werden strahlen; zugleich wird der Buddha Vairocana und seine Gefährtin genau wie vorher aus dem mittleren Bereich, dem Alldurchdringenden Kreis erscheinen; der Buddha Vajrasattva mit seiner Gefährtin und seinem Gefolge wird aus dem östlichen Bereich der Vollkommenen Freude erscheinen; der Buddha Ratnasambhava wird erscheinen mit seiner Gefährtin und seinem Gefolge aus dem südlichen Bereich, dem Prächtigen; der Buddha Amitābha mit seiner Gefährtin und seinem Gefolge wird aus dem westlichen, glückseligen Lotusbereich erscheinen, und aus dem nördlichen Bereich der Vollendeten Handlungen wird der Buddha Amoghasiddhi mit seiner Gefährtin und seinem Gefolge aus dem Raum des Regenbogenlichtes erscheinen.

»O Sohn edler Familie! Zusätzlich zu den Buddhas der fünf Familien werden auch die rasenden Torhüter erscheinen: Vijaya, der Siegreiche; Yamāntaka, der Bezwinger des Todes; Hayagrīva, der mit dem Pferdekopf; und Amṛtakuṇḍalī, der Wirbel des Elixiers, sowie die weiblichen Torhüter: Aṅkuśā, der Haken; Pāśā, die Schlinge; Śṛṅkhalā, die Kette, und Ghaṇṭā, die Glocke. Auch die sechs Weisen, die Erhabenen, werden erscheinen: Indra von den Hundert Opferungen, der Weise der Götter; Vemacitra, der Prachtvoll Gekleidete, der Weise der Eifersüchtigen Götter; der Löwe der Śākyas, der Weise der Menschenwesen; Dhruvasiṅha, der Unerschütterliche Löwe, der Weise der Tiere; Jvālamukha, der Flammende Mund, der Weise der Hungrigen Geister, und Dharmarāja, der Dharmakönig, der Weise der Höllenwesen. Und auch Samantabhadra und Samantabhadrī, Allguter Vater und Allgute

Mutter aller Buddhas, werden erscheinen. Diese zweiundvierzig Gottheiten des Sambhogakāya werden aus deinem eigenen Herzen hervortreten und vor dir erscheinen; sie sind die reine Form deiner Projektionen, darum erkenne sie!༔

»O Sohn edler Familie, diese Bereiche existieren nirgendwo anders als in den vier Richtungen deines Herzens, mit der Mitte als fünfter Richtung, und nun treten sie aus dem Inneren deines Herzens hervor und erscheinen vor dir. Jene Bilder kommen nicht von irgendwo anders her, sondern sie sind das ursprüngliche spontane Spiel deines Geistes, darum erkenne sie als solches. O Sohn edler Familie, jene Bilder sind weder groß noch klein, sondern vollkommen proportioniert. Jedes hat seinen eigenen Schmuck, sein Gewand, seine Farbe, seine Haltung, seinen Thron und sein Emblem. Sie sind aufgefächert in fünf Paare; jedes der fünf Paare ist von einem Strahlenkranz aus den fünffarbigen Lichtern umgeben. Das gesamte Mandala, die männlichen und weiblichen Gottheiten sämtlicher Familien werden vollzählig erscheinen, alle zugleich. Erkenne sie, denn sie sind deine Yidams.༔

»O Sohn edler Familie, aus den Herzen jener Buddhas der fünf Familien und ihrer Gefährtinnen werden die jeweiligen Lichtstrahlen der vier Weisheiten deinem Herzen entgegenstrahlen, sehr fein und klar, wie aufgefächerte Sonnenstrahlen.༔

»Da ist zuerst die Weisheit der Dharmadhātu, ein Gewebe glänzend weißer Lichtstrahlen, gleißend und erschreckend, die dein Herz aus dem Herzen des Vairocana anstrahlt. In diesem Gewebe aus Lichtstrahlen wird ein funkelndes weißes Lichtrad erscheinen, sehr klar und hell, wie ein umgekehrter Spiegel, das verherrlicht ist mit fünf Lichträdern wie es selbst, welche wiederum mit Lichträdern und kleineren Lichträdern geschmückt sind, so daß es weder Mittelpunkt noch Umfang hat.༔

»Aus dem Herzen des Vajrasattva, auf dem glänzend blauen Gewebe der Spiegelgleichen Weisheit, wird ein blaues Lichtrad erscheinen, wie eine umgekehrte Türkisschale, verherrlicht mit Lichträdern und kleineren Lichträdern.༔

»Aus dem Herzen des Ratnasambhava, auf dem glänzend gelben Gewebe der Weisheit der Wesensgleichheit, wird ein gelbes Lichtrad, wie eine umgekehrte goldene Schale, erscheinen, verherrlicht mit Lichträdern und kleineren Lichträdern.༔

»Aus dem Herzen des Amitābha, auf dem glänzenden roten Gewebe der Weisheit der Unterscheidung, wird ein funkelndes rotes Lichtrad, wie eine umgekehrte Korallenschale, erscheinen, das erstrahlt im tiefen Licht der Weisheit, sehr klar und hell, verherrlicht mit fünf Lichträdern wie es selbst, welche geschmückt sind mit Lichträdern und kleineren Lichträdern, so daß es weder Mittelpunkt noch Umfang hat.༔

»Auch diese werden dein Herz anstrahlen.༔

»O Sohn edler Familie, sie sind ebenso entstanden aus dem spontanen Spiel deines eigenen Geistes, sie sind nicht irgendwo anders her gekommen; so fühle dich nicht angezogen von ihnen, fürchte sie nicht, sondern verharre entspannt in einem Zustand der Gedankenleere. In jenem Zustand werden all die Bilder und Lichtstrahlen mit dir verschmelzen und du wirst Erleuchtung erlangen.༔

»O Sohn edler Familie, das grüne Licht der Allesvollendenden Weisheit erscheint nicht, denn die Energie deiner Weisheitsfähigkeit ist noch nicht voll ausgebildet.༔

»O Sohn edler Familie, dies ist, was man die Erfahrung der Kombinierten Vier Weisheiten nennt, der Durchgangspfad des Vajrasattva. Zu dieser Zeit erinnere dich an die früheren Lehren über das Weisen. Erinnerst du dich an den Sinn des Weisens, dann wirst du Vertrauen haben zu deinen früheren Erfahrungen, und so wirst du sie wiedererkennen, wie beim Zusammentreffen von Mutter und Sohn, oder wie jemand, der alte Freunde wiedersieht. Als ob der Knoten des Zweifels durchhauen ist, so wirst du deine eigenen Projektionen erkennen und den reinen, unveränderlichen Pfad der Dharmatā betreten; und durch jenes Vertrauen wird ein ungebrochener meditativer Zustand entstehen, du wirst aufgehen in die große aus sich bestehende Form der Weisheit und ein Sambhogakāya-Buddha werden, für den es kein Zurückfallen gibt.༔

»O Sohn edler Familie, zusammen mit den Weisheitslichtern werden die Lichter der unreinen, verblendeten sechs Bereiche leuchten: das milde weiße Licht der Götter, das milde rote Licht der Eifersüchtigen Götter, das milde blaue Licht der Menschenwesen, das milde grüne Licht der Tiere, das milde gelbe Licht der Hungrigen Geister und das milde rauchige Licht der Höllenwesen. Diese sechs werden zusammen mit den reinen Weisheitslichtern leuchten. Halte in jenem Augenblick an keinem von ihnen fest oder lasse dich davon anziehen, sondern verharre entspannt in einem Zustand der Gedankenleere. Fürchtest du die reinen Weisheitslichter und wirst hingezogen zu den unreinen Lichtern der sechs Bereiche, so wirst du den Körper eines Geschöpfes der sechs Bereiche annehmen und du wirst elend werden, da du dem großen Ozean des Leides des Samsāra niemals entrinnen kannst.⁝

»O Sohn edler Familie, wenn du nicht durch die Unterweisungen eines Guru gewiesen wurdest, wirst du jene Bilder und reinen Weisheitslichter fürchten und wirst hingezogen zu den unreinen Lichtern des Samsāra; hüte dich davor und sei voller Hingabe an die reinen Weisheitslichter, die blenden und funkeln. Denke voller Hingabe, ›Die Lichtstrahlen der Weisheit und des Erbarmens der Erhabenen sind gekommen, mich voller Erbarmen aufzunehmen; ich nehme Zuflucht zu ihnen.‹ Lasse dich nicht anziehen von den Lichtern der sechs Bereiche des Wahns, sehne dich nicht nach ihnen, sondern sprich dieses Inspirationsgebet mit ganzer, einzig auf die Buddhas der fünf Familien und ihre Gefährtinnen gerichteter Sammlung:⁝

So ich ob der fünf Gifte wandere im Samsāra,
Auf glänzendem Lichtpfad der vier kombinierten Weisheiten,
Mögen mir die Bezwinger, die fünf Familien, voranschreiten,
Und die Gefährtinnen der fünf Familien im Rücken;
Bewahrt mich vor den Lichtpfaden der sechs unreinen Reiche,

O steht mir bei auf der gefährlichen Gratwanderung des Bardo,
Geleitet mich in die fünf reinen Buddha-Reiche.«፥

Indem er dieses Inspirationsgebet spricht, erkennt der Berufene seine eigenen Projektionen, und in der Nicht-Zweiheit aufgehend wird er zum Buddha; der gewöhnliche Mensch erkennt sich selbst durch inbrünstige Hingabe und erlangt Befreiung; und selbst der Geringste verhindert durch die läuternde Macht des Gebetes seine Wiedergeburt in den sechs Bereichen, und, den Sinn der vier kombinierten Weisheiten begreifend, erlangt er Erleuchtung auf dem Durchgangspfad des Vajrasattva. Werden sie derart klar und deutlich gewiesen, so werden viele Lebewesen erkennen und befreit sein.፥
Doch einige, wie zum Beispiel unentwickelte Menschen in wenig zivilisierten Gegenden, und böse Menschen, die nicht die geringste Ahnung vom Dharma haben, oder solche, die ihre Samaya-Übung vernachlässigst haben, sind durch ihr Karma verblendet und erkennen nicht, selbst wenn sie gewiesen werden, und sie wandern abwärts. So werden am siebten Tag aus dem Reinen Reich des Raumes die Vidyādharas kommen, sie einzuladen, und zugleich empfängt sie auch der Lichtpfad der Tiere, entstanden aus der Empfindung des Unverstandes. Zu jener Zeit, um ihn erneut zu weisen, rufe man den toten Menschen beim Namen und spreche diese Worte:፥
»O Sohn edler Familie, höre unbeirrt! Am siebenten Tag wird ein klares, vielfarbiges Licht in deinem unbewußten Geist leuchten, und die Vidyādharas werden aus dem Reinen Reich des Raumes kommen, dich einzuladen. Im Zentrum des Mandala, durchdrungen vom Regenbogenlicht, wird erscheinen, der da heißt der Unübertreffliche Vollentwickelte Vidyāhara, der Lotusherr des Tanzes, sein Körper strahlend in den fünf Farben, in Umarmung mit seiner Gefährtin, der Roten Dākinī, tanzend mit einem sichelförmigen Messer und einem Totenschädel voller Blut, gestikulierend und zum Himmel aufblickend.፥

»Aus dem Osten des Mandala wird erscheinen, der da heißt der Auf Allen Stufen[10] Bewährte Vidyāhara von weißer Farbe, mit strahlend lächelndem Gesicht, in Umarmung mit seiner Gefährtin, der Weißen Dākinī, tanzend mit einem sichelförmigen Messer und einem Totenschädel voller Blut, gestikulierend und zum Himmel aufblickend.⁝

»Aus dem Süden des Mandala wird erscheinen, der da heißt der Vidyhādhara, der Herr des Lebens ist, von gelber Farbe, von lieblicher Erscheinung, in Umarmung mit seiner Gefährtin, der Gelben Dākinī, tanzend mit einem sichelförmigen Messer und einem Totenschädel voller Blut, gestikulierend und zum Himmel aufblickend.⁝

»Aus dem Westen des Mandala wird erscheinen, der da heißt der Vidyādhara des Großen Symbols, von roter Farbe, mit strahlend lächelndem Gesicht, in Umarmung mit seiner Gefährtin, der Roten Dākinī, tanzend mit einem sichelförmigen Messer und einem Totenschädel voller Blut, gestikulierend auf zum Himmel aufblickend.⁝

»Aus dem Norden des Mandala wird erscheinen, der da heißt der Spontan Erstandene Vidyādhara, von grüner Farbe, mit zugleich zornigem und lächelndem Gesichtsausdruck, in Umarmung mit seiner Gefährtin der grünen Dākinī, tanzend mit einem sichelförmigen Messer und einem Totenschädel voller Blut, gestikulierend und zum Himmel aufblickend.⁝

»Zusätzlich zu jenen Vidyādharas werden zahllose Scharen von Dākinīs erscheinen: die Dākinīs der acht Friedhöfe, die Dākinīs der vier Familien, die Dākinīs der drei Welten, die Dākinīs der zehn Richtungen, die Dākinīs der vierundzwanzig Pilgerorte; dazu männliche und weibliche Krieger und Gefolgsleute und all die männlichen und weiblichen Beschützer des Dharma, jeder mit seinen sechs Schmuckstücken aus Gebeinen, mit Trommeln, Trompeten aus Hüftknochen, Schädel-Tamburinen, Bannern aus Kinderhaut, Baldachinen aus Menschenhaut, Bändern aus Menschenhaut und Räu-

[10] Die zehn Stufen in der Entwicklung eines Bodhisattva

cherwerk aus Menschenfleisch. Mit zahllosen verschiedenen Musikinstrumenten füllen sie sämtliche Gegenden des Universums, so daß diese wanken, zittern und beben von den Schwingungen der Musik ihrer Instrumente, die einem schier den Kopf zerspaltet, und ein jeder tanzt seinen Tanz – so kommen sie, jene einzuladen, die die Samaya-Übung eingehalten haben und jene zu bestrafen, die sie vernachlässigt haben. ⁝

»O Sohn edler Familie, im Bereich des Unbewußten wird dir die reine eingeborene Weisheit, strahlend in den fünf Farben wie aus bunten Fäden gesponnene Lichtschnüre, blitzend und vibrierend, schimmernd, glänzend und klar, blendend und erschreckend aus den Herzen der fünf Vidyādhara-Herrn entgegenkommen und dein Herz durchbohren, so daß du ihren Anblick kaum ertragen kannst. Zugleich wird das milde grüne Licht der Tiere zusammen mit dem Weisheitslicht leuchten. Zu jener Zeit, unter dem Einfluß von Verblendung, verursacht durch unbewußte Neigungen, wirst du dich fürchten und das fünffarbige Licht fliehen wollen, aber du wirst dich hingezogen fühlen zum milden Licht der Tiere. In jenem Augenblick fürchte dich nicht vor dem hellen, blendenden, fünffarbigen Licht; fürchte es nicht, sondern erkenne es als Weisheit. ⁝

»Mitten aus dem Licht werden all die spontanen Klänge des Dharma wie das Grollen von tausend Donnerschlägen ertönen. Das rollt und donnert, und hallt vom Kriegsgeschrei und den durchdringenden Klängen der schreckenerregenden Mantras. Sei nicht erschreckt, fliehe nicht, fürchte dich nicht. Erkenne es als das Spiel deines Geistes, deine eigene Projektion. Lasse dich nicht hinziehen zum milden grünen Licht der Tiere, sehne dich nicht danach; denn einmal angezogen davon wirst du fallen in den tierischen Bereich des Unverstandes und wirst das unsägliche Leid von Stumpfsinn, Stummheit und Sklaverei erfahren, aus dem es kein Entrinnen gibt; darum lasse dich nicht davon anziehen. Fühle dich einzig hingezogen zu dem klaren hellen Licht der fünf Farben, und sammle dich einzig und allein auf die Erhabenen Vidyādharas, die Göttli-

chen Lehrer, indem du denkst, ›Diese Vidyādharas sind gekommen mit Kriegern und Dākinīs, mich einzuladen in das Reine Reich des Raumes. Ich flehe Euch alle an, gedenkt der Lebewesen, die wie ich keine Verdienste gesammelt haben und die nicht eingefangen wurden, obwohl bis heute die Lichtstrahlen des Erbarmens so vieler Gottheiten der Buddhas der Fünf Familien der Vergangenheit, Gegenwart und Zukunft nach ihnen gegriffen haben. Weh über einen wie mich! O all ihr Vidyādharas, laßt mich nicht tiefer absteigen als bis hierher, sondern erfaßt mich mit Euern Haken des Erbarmens und zieht mich rasch hinauf in das Reine Reich des Raumes.‹ ⁝
Mit völliger, inbrünstiger Sammlung sprich dieses Inspirationsgebet: ⁝

Mögen die Göttlichen Vidyādharas meiner gedenken
Und mich in großer Liebe auf den Pfad geleiten.
So ich ob starker Neigungen wandere im Samsāra,
Auf glänzendem Lichtpfad der Eingeborenen Weisheit,
Mögen Vidyādharas und Krieger mir voranschreiten,
Ihre Gefährtinnen, die Dākinīs, im Rücken;
O steht mir bei auf der gefährlichen Gratwanderung des Bardo,
Geleitet mich ins Reine Reich des Raumes.« ⁝

Indem er dieses Inspirationsgebet mit tiefer Hingabe spricht, wird er in Regenbogenlicht im Herzen der Göttlichen Vidyādharas aufgehen und in das Reine Reich des Raumes geboren werden, daran gibt es keinen Zweifel. Und auch all die Arten spiritueller Freunde erkennen hierdurch und werden alle befreit; selbst jene mit üblen unbewußten Neigungen werden sicherlich hier Befreiung erlangen. ⁝

Das Ende des ersten Teils der »Großen Befreiung durch Hören«, in dem gewiesen wird der Glanz des Bardo des Augenblickes vor dem Tod und das Weisen des friedlichen Bardo des Dharmatā. ⁝

iti ⁝ Samaya ⁝ rgya rgya rgya ⁝

Nun wird gezeigt, wie der Bardo der rasenden Gottheiten erscheint. ༔
Bis hierher gab es sieben Stufen in der gefährlichen Gratwanderung des Bardo der friedlichen Gottheiten. Durch das Weisen auf jeder Stufe wird der Gestorbene, wenn nicht auf der einen, so doch auf der anderen erkannt haben, und unzählige Male wird so die Befreiung erreicht. Doch obwohl viele derart befreit werden, ist die Zahl der Lebewesen groß, das schlechte Karma sehr stark, sind die neurotischen Schleier dick und erstickend, überdauern die unbewußten Neigungen lange Zeit. Dieser Kreislauf von Verblendung und Unverstand wird weder abgeschwächt noch verstärkt, so daß es viele gibt, die nicht befreit werden, sondern abwärts wandern, obgleich sie in der rechten Art und Weise gewiesen wurden. ༔
So werden dann, sobald die Begegnung mit den friedlichen Gottheiten, den Vidyādharas und den Dākinīs vorüber ist, die achtundfünfzig flammenden, bluttrinkenden rasenden Gottheiten erscheinen, Umwandlungen aus den vorangegangenen friedlichen Gottheiten. Doch nun sind sie nicht wie zuvor; dies ist der Bardo der rasenden Gottheiten, in dem man von unsäglichem Schrecken überwältigt wird, so daß es schwieriger wird zu erkennen. Der Geist hat keine Selbstkontrolle und fühlt sich geschwächt und benommen. Ist da jedoch nur ein wenig Erkennen, so ist die Befreiung leicht zu erreichen, denn beim Auftauchen des überwältigenden Schreckens bleibt dem Geist keine Zeit mehr, sich ablenken zu lassen und so kommt er zu äußerster Sammlung. ༔
Begegnet man auch jetzt dieser Art von Lehre nicht, dann wird einem selbst ein Ozean an Wissen nicht helfen. An diesem Punkt geraten selbst Lehrer, die die mönchischen Regeln befolgen, und große Philosophen in Verwirrung und erkennen nicht, so daß sie weiterhin im Samsāra wandern. Und für gewöhnliche Menschen trifft das umsomehr zu; sie fliehen vor Furcht und Schrecken und fallen in die niederen Bereiche, um dort Elend zu erfahren. Aber ein tantrischer Yogin, und sei er auch der Geringste der Geringen, wird die bluttrinkenden Gottheiten als Yidams erkennen, sobald er sie sieht, so

als begegne er guten Freunden; also wird er ihnen vertrauen und so, indem er untrennbar mit ihnen verschmilzt, zu einem Buddha werden. Das Geheimnis ist, daß er in der menschlichen Welt sich die Formen dieser bluttrinkenden Gottheiten bildlich vorgestellt und sie verehrt hat, und hat er allein ihre Bilder angesehen, so wie sie in Gemälden oder dreidimensionalen Statuen und ähnlichem dargestellt werden, wird er die Formen, die hier erscheinen, erkennen und Befreiung erlangen.⁝

Doch wie sehr sich die Philosophen und regeltreuen Lehrer auch um religiöse Übungen bemüht und wie gescheit sie auch die Schriften in der menschlichen Welt ausgelegt haben: wenn sie sterben, wird man keine Zeichen wie juwelengleiche Überreste,[11] Regenbogen und so weiter finden. Denn während sie lebten, haben sie die Tantras geschmäht, und ihr Geist vermochte nicht, sie sich anzueignen; sie haben die tantrischen Gottheiten nicht kennengelernt, weshalb sie diese auch nicht wiedererkennen können, wenn sie im Bardo erscheinen. Sehen sie plötzlich etwas, das sie niemals zuvor gesehen haben, betrachten sie es als Feind und verspüren ihm gegenüber Agression, und als Folge davon steigen sie in die niederen Bereiche ab. Das ist der Grund, warum es bei solchen Philosophen und Befolgern der Regeln nicht zu Zeichen wie verschiedenartigen juwelengleichen Überresten und Regenbogen kommt – sie haben die Tantras nicht geübt.⁝

Ein Jünger des Tantra jedoch, wie ungehobelt er sich in dieser Welt auch benommen hat, wie ungebildet und unkultiviert er auch gewesen sein mag, wird – selbst wenn er nicht in der Lage war die tantrischen Lehren zu praktizieren – an diesem Punkt Befreiung erlangen, nur weil er an die Tantras geglaubt hat und keinen Zweifel oder Unglauben hegte. So wird, auch

[11] Im Tibetischen werden drei Begriffe angeführt: gdung, ring-bsrel und sku-gzugs, oder Sanskrit: Śarīram. All dies sind gleichartige Rückstände, die nach der Verbrennung eines hochentwickelten Yogin oder Siddha zurückbleiben. Sie ähneln glänzenden runden Steinen von weißer oder grünlicher Farbe, werden als Reliquien aufbewahrt und oft kurz vor dem Tod eingenommen.

wenn sein Verhalten in der Menschenwelt unkonventionell war, wenn er stirbt, wenigstens ein Zeichen, wie zum Beispiel juwelengleiche Überreste oder Regenbogen, auftreten. Dazu kommt es, weil die tantrische Lehre große Macht besitzt.:
Überdurchschnittliche tantrische Yogins, die die Bildliche Vorstellung und die Vollkommene Übung meditiert und die Rezitation der Herzens-Mantras und ähnliche Dinge praktiziert haben, brauchen im Bardo der Dharmatā nicht so weit abzusteigen; denn sobald sie aufhören zu atmen, kommen die Vidyādharas, Krieger und Dākinīs, sie in das Reine Reich des Raumes einzuladen. Als Zeichen hiervon klart der Himmel auf und sie lösen sich auf in Regenbogenlicht; ein Blumenregen, der Duft von Räucherwerk, der Klang von Musikinstrumenten in der Luft, Lichtstrahlen, juwelengleiche Überreste und ähnliches tritt auf: dies sind die Zeichen.:
Deshalb gibt es für jene Philosophen und Befolger der Regeln, sowie für Jünger des Tantra, die ihre Samaya-Übung vernachlässigt haben, und für alle gewöhnlichen Leute kein anderes Mittel als diese »Große Befreiung durch Hören«. Meditierende, die die Meditationsübungen des Großen Symbols und der Großen Vollendung[12] und ähnliches praktiziert haben, werden ebenso den Glanz im Bardo des Augenblickes vor dem Tod erkennen und den Dharmakāya erreichen, so daß es völlig überflüssig ist, diese »Große Befreiung durch Hören« zu lesen.
Erkennen sie den Glanz während des Bardo des Augenblickes vor dem Tod, so werden sie den Dharmakāya erreichen. Erkennen sie im Bardo der Dharmatā, während die friedlichen und rasenden Gottheiten erscheinen, so werden sie den

[12] Zum Großen Symbol siehe Anm. 6. Die Große Vollendung (Tibetisch: rdzogs-pa-chen-po, Sanskrit: Mahāsampanna) ist ein Zustand der Meditation, der dem Atiyoga oder Mahā-ati entspricht. Er dringt sogar über die scheinbar höchste Vision des Großen Symbols hinaus vor in eine weitere Erfahrung von Offenheit und Formlosigkeit. Diese Übung wurde von Vimalamitra, einem Zeitgenossen des Padmasambhava, gelehrt und in der Nyingma-Tradition weiterentwickelt. Die beiden Übungen, das Große Symbol und die Große Vollendung wurden von Rangjung-Dorje, dem dritten Karmapa, zusammengefaßt.

Sambhogakāya erreichen. Erkennen sie während des Bardo des Werdens, so erreichen sie den Nirmānakāya und werden unter günstigeren Umständen geboren, in denen sie dieser Lehre begegnen werden. Und da sich die Wirkung von Handlungen im nächsten Leben fortsetzt, ist diese »Große Befreiung durch Hören« eine Lehre, die ohne Meditation erleuchtet, eine Lehre, die durch bloßes Hören befreit, eine Lehre, die große Sünder auf den geheimen Pfad geleitet, eine Lehre, die den Unverstand in einem einzigen Augenblick durchhaut, eine tiefe Lehre, die zu vollkommener und augenblicklicher Erleuchtung führt, so daß Lebewesen, die von ihr erreicht wurden, unmöglich in tiefere Existenzformen absteigen können. Sowohl sie als auch die »Befreiung durch Tragen«[13] sollten laut vorgelesen werden, denn kombiniert sind die beiden wie ein goldenes Mandala mit Einlegearbeit aus Türkis.

Nachdem nun die große Notwendigkeit der »Befreiung durch Hören« erwiesen worden ist, wird gezeigt, wie der Bardo der rasenden Gottheiten erscheint. Man rufe den gestorbenen Menschen dreimal beim Namen und spreche diese Worte:

»O Sohn edler Familie, höre unbeirrt! Obwohl der Bardo der friedlichen Gottheiten bereits erschienen ist, hast du nicht erkannt, und so bist du weitergewandert bis hierher. Nun, am achten Tag, werden die bluttrinkenden rasenden Gottheiten erscheinen. Erkenne sie unbeirrt.

»O Sohn edler Familie, der da heißt der Glorreiche Große Buddha-Heruka[14] wird aus dem Inneren deines eigenen Gehirns hervortreten und tatsächlich und klar vor dir erschei-

[13] Die »Befreiung durch Tragen« (Tibetisch: Btags-grol) ist eine weitere der sechs Bardo-Unterweisungen des Padmasambhava. Es ist ein kurzer Text, der zum großen Teil aus Mantras besteht; er wird dem Leichnam als Amulet umgehängt.

[14] Der Glorreiche Große Buddha-Heruka ist eine Kombination des Buddha-Heruka und des Großen Heruka, welcher, wie im Kommentar beschrieben, der Ursprung der Herukas der fünf Familien ist. Auf Gemälden (Thankas) der rasenden Gottheiten erscheint der Große Heruka im Zentrum, entsprechend Samantabhadra im Mandala der friedlichen Gottheiten, und Buddha-Heruka ist unter ihm plaziert.

nen: sein Körper ist weinfarben, mit drei Köpfen, sechs Armen und vier weitgespreizten Beinen; das rechte Gesicht ist weiß, das linke rot und das mittlere weinfarben; sein Körper lodert von einer Überfülle an Licht, seine neun Augen starren mit rasendem Ausdruck in die deinen, seine Augenbrauen sind wie zuckende Blitze, seine Zähne schimmern wie Kupfer; sein brüllendes Gelächter tönt »a-la-la!« und »ha-ha!«, und »schuu-huu!« stößt er laute pfeifende Geräusche aus. Sein rotgoldenes Haar fliegt flammend empor, seine Köpfe sind gekrönt mit getrockneten Schädeln und mit Sonne und Mond, sein Körper ist umrankt von schwarzen Schlangen und Girlanden von frischen Schädeln. Seine sechs Hände halten ein Rad in der ersten Hand zur Rechten, eine Axt in der mittleren und ein Schwert in der letzten, eine Glocke in der ersten Hand zur Linken, eine Pflugschar in der mittleren und einen Schädelbecher in der letzten. Seine Gefährtin Buddha-Krodhīśvarī umarmt seinen Körper, den rechten Arm um seinen Hals geschlungen, mit der linken Hand einen Totenschädel voller Blut zu seinem Mund führend; er stößt laute lallende und wie Donner grollende Geräusche aus, Weisheitsflammen schlagen aus den lodernden Vajra-Haaren auf seinem Körper, er steht auf einem von Garudas gestütztem Thron, ein Beinpaar gebeugt und das andere ausgestreckt.꞉
»Fürchte ihn nicht, lasse dich nicht erschrecken, werde nicht verwirrt. Erkenne ihn als die Form deines eigenen Geistes. Er ist dein Yidam, also fürchte dich nicht. Er ist in Wirklichkeit der Erhabene Vairocana mit seiner Gefährtin, also fürchte dich nicht. Mit dem Erkennen geht die Befreiung einher.«꞉
Ist dies gesagt, so wird er den Yidam erkennen und, indem er untrennbar mit ihm verschmilzt, zu einem Buddha im Sambhogakāya werden.꞉
Fürchtet er sich jedoch und entflieht und erkennt also nicht, dann wird am neunten Tag die bluttrinkende Manifestation der Vajra-Familie kommen, ihn einzuladen; also rufe man, um ihn wieder zu weisen, den toten Menschen beim Namen und spreche diese Worte:꞉

»O Sohn edler Familie, höre unbeirrt. Am neunten Tag wird die bluttrinkende Manifestation der Vajra-Familie, genannt der Erhabene Vajra-Heruka, aus dem östlichen Viertel deines Gehirns hervortreten und vor dir erscheinen. Sein Körper ist von dunkelblauer Farbe, mit drei Köpfen, sechs Armen und vier weitgespreizten Beinen; das rechte Gesicht ist weiß, das mittlere rot und das linke blau; seine sechs Hände halten einen Vajra in der ersten Hand zur Rechten, einen Schädelbecher in der mittleren und eine Axt in der letzten, eine Glocke in der ersten Hand zur Linken, einen Schädelbecher in der mittleren und eine Pflugschar in der letzten; seine Gefährtin Vajra-Krodhīśvarī umarmt seinen Körper, den rechten Arm um seinen Hals geschlungen und die linke Hand einen Totenschädel voller Blut zu seinem Mund führend.꞉

»Fürchte ihn nicht, lasse dich nicht erschrecken, werde nicht verwirrt. Erkenne ihn als die Form deines eigenen Geistes. Er ist dein Yidam, also fürchte dich nicht. Er ist in Wirklichkeit der Erhabene Vajrasattva mit seiner Gefährtin, also sei voller Hingabe. Mit dem Erkennen geht die Befreiung einher.«꞉

Ist dies gesagt, so wird er den Yidam erkennen und, indem er untrennbar mit ihm verschmilzt, zu einem Buddha im Sambhogakāya werden.꞉

Doch jene, deren karmische Dunkelheit groß ist, werden ihn fürchten und entfliehen, und also nicht erkennen. So wird dann am zehnten Tag die bluttrinkende Manifestation der Ratna-Familie kommen, sie einzuladen. Darum rufe man, um ihn erneut zu weisen, den toten Menschen beim Namen und spreche diese Worte:꞉

»O Sohn edler Familie, höre unbeirrt! Am zehnten Tag wird die bluttrinkende Manifestation der Ratna-Familie, genannt der Erhabene Ratna-Heruka, aus dem südlichen Viertel deines Gehirns vor dir erscheinen: sein Körper ist von dunkelgelber Farbe, mit drei Köpfen, sechs Armen und vier weitgespreizten Beinen; das rechte Gesicht ist weiß, das linke rot und das mittlere von gleißend dunkelgelber Farbe; seine sechs Hände halten ein Juwel in der ersten Hand zur Rechten, in der mittleren einen Dreizack, auf den drei Menschenköpfe gespießt sind, und eine Keule in der letzten, eine Glocke in der ersten Hand zur Linken, einen Schädelbecher in der mittleren und einen Dreizack in der letzten; seine Gefährtin Ratna-Krodhīśvarī umarmt seinen Körper, den rechten Arm um seinen Hals geschlungen und mit der linken Hand einen Totenschädel voller Blut zu seinem Mund führend.⁝

»Fürchte ihn nicht, lasse dich nicht erschrecken, werde nicht verwirrt. Erkenne ihn als die Form deines eigenen Geistes. Er ist dein Yidam, also fürchte dich nicht. Er ist in Wirklichkeit der Erhabene Ratnasambhava mit seiner Gefährtin, also gib dich ihm hin. Mit dem Erkennen geht die Befreiung einher.«⁝

Ist dies gesagt, so wird er den Yidam erkennen, und, indem er untrennbar mit ihm verschmilzt, zu einem Buddha werden.⁝

Doch selbst nachdem man ihn derart gewiesen hat, wird mancher von üblen unbewußten Neigungen zurückgezogen. Er fürchtet sich und entflieht, erkennt den Yidam nicht, ja selbst wenn er Yamāntaka sieht, erkennt er ihn nicht, und so wird dann am elften Tag die bluttrinkende Manifestation der Padma-Familie kommen, ihn einzuladen. Um ihn also erneut zu weisen, rufe man den toten Menschen beim Namen und spreche diese Worte:⁝

»O Sohn edler Familie, höre unbeirrt. Am elften Tag wird die bluttrinkende Manifestation der Padma-Familie, genannt der Erhabene Padma-Heruka, aus dem westlichen Viertel deines Gehirns hervortreten und in Vereinigung mit seiner Gefährtin klar vor dir erscheinen. Sein Körper ist von dunkelroter Farbe, mit drei Köpfen, sechs Armen und vier weitgespreizten Beinen; das rechte Gesicht ist weiß, das linke ist blau und das mittlere dunkelrot; seine sechs Hände halten einen Lotus in der ersten Hand zur Rechten, in der mittleren einen Dreizack, auf den drei Menschenköpfe gespießt sind, und einen Stab in der letzten, eine Glocke in der ersten Hand zur Linken, einen Schädelbecher voll Blut in der mittleren und eine kleine Trommel in der letzten; seine Gefährtin Padma-Krodhīśvarī umarmt seinen Körper, den rechten Arm um seinen

Hals geschlungen und die linke Hand einen Totenschädel voller Blut zu seinem Mund führend.꞉
»Fürchte ihn nicht, lasse dich nicht erschrecken, werde nicht verwirrt. Erkenne ihn freudig als die Form deines eigenen Geistes. Er ist dein Yidam, also fürchte dich nicht, sei nicht erschreckt. Er ist in Wirklichkeit der Erhabene Amitābha mit seiner Gefährtin, also gib dich ihm hin. Mit dem Erkennen geht die Befreiung einher.«꞉
Ist dies gesagt, so wird er ihn als den Yidam erkennen, und, indem er untrennbar mit ihm verschmilzt, zu einem Buddha werden.꞉
Wird er jedoch, selbst nachdem man ihn derart gewiesen hat, von seinen üblen unbewußten Neigungen zurückgezogen, fürchtet er sich und entflieht und vermag so den Yidam nicht zu erkennen, dann wird am zwölften Tag die bluttrinkende Manifestation der Karma-Familie zusammen mit Gaurīs, Piśācīs und Yoginīs[15] kommen, ihn einzuladen. Erkennt er nicht, so wird er sich füchten, also rufe man, um ihn erneut zu weisen, den toten Menschen beim Namen und spreche diese Worte:꞉

[15] Die Gaurīs (gaurī bedeutet »weiß«) sind eine Gruppe von acht Göttinnen, die alle zusammen nach der ersten von ihnen benannt sind, die tatsächlich die einzige weiße ist. Im tibetischen Text des Bardo Thödol sind ihre Sanskritnamen beibehalten, jedoch die meisten in entstellter Form und in jedem Blockdruck mit kleinen Abweichungen (so nennt Evans-Wentz sie zum Beispiel die Keurimas). Sie erscheinen in vielen anderen tantrischen Texten, aber zwei der Namen, die hier auftauchen, findet man nicht in der üblichen Aufstellung: Pramohā und Śmaśānī. Pramohā oder Pramo heißt »Blender« und entspricht wahrscheinlich Dombī, dem Weib niederer Kaste, welches in der tantrischen Dichtung ein Symbol der Leidenschaft ist. Śmaśānī ist der Sanskritname, der sich noch am ehesten aus der tibetischen Form Smeśanī herleiten läßt; Śmaśānī, »sie, die auf dem Friedhof wohnt« entspricht dem »Asketen« oder »Bergbewohner« Śavarī. Es ist nicht möglich, diese Göttinnen nur nach ihren Beschreibungen zu identifiziere, da diese in den verschiedenen Texten voneinander abweichen. Die Piśācīs (Tibetisch: phra-men-ma) sind fleischfressende Gottheiten mit Vogel- und Tierköpfen. Ihr Name bedeutet »gestreift« oder »buntgescheckt«, was sich auf die verschiedenen Farben auf ihren Körpern bezieht. Die Yoginīs nennt man auch »Mächtige Herrin« (Tibetisch' dbang-phyug-ma, Sanskrit: Īśvarī). Die meisten von ihnen waren ursprünglich Hindu-Gottheiten, die in den Buddhismus aufgenommen wurden. Im Text sind ihre Namen alle ins Tibetische übersetzt, aber hier werden die Sanskritnamen mit Übersetzung gegeben, da viele in dieser Form allgemein bekannt sind.

»O Sohn edler Familie, höre unbeirrt! Ist der zwölfte Tag gekommen, so wird die bluttrinkende Manifestation der Karma-Familie, genannt der Erhabene Karma-Heruka, aus dem nördlichen Viertel deines Gehirns hervortreten und in Vereinigung mit seiner Gefährtin klar vor dir erscheinen; sein Körper ist von dunkelgrüner Farbe, mit drei Köpfen, sechs Armen und vier weitgespreizten Beinen; das rechte Gesicht ist weiß, das linke rot und das mittlere von majestätischem Dunkelgrün; seine sechs Hände halten ein Schwert in der ersten Hand zur Rechten, in der mittleren einen Dreizack, auf den drei Menschenköpfe gespießt sind, und einen Stab in der letzten, eine Glocke in der ersten Hand zur Linken, einen Schädelbecher in der mittleren und eine Pflugschar in der letzten; seine Gefährtin Karma-Krodhīśvarī umarmt seinen Körper, den rechten Arm um seinen Hals geschlungen und die linke Hand einen Totenschädel voller Blut zu seinem Mund führend.⸽

»Fürchte ihn nicht, lasse dich nicht erschrecken, werde nicht verwirrt. Erkenne ihn als die Form deines eigenen Geistes. Er ist dein Yidam, also fürchte dich nicht. Er ist in Wirklichkeit der Erhabene Amoghasiddhi mit seiner Gefährtin, also fühle tiefe Hingabe. Mit dem Erkennen geht die Befreiung einher.«⸽

Ist dies gesagt, wird er den Yidam erkennen, und, indem er untrennbar mit ihm verschmilzt, zu einem Buddha werden.⸽

Durch die Unterweisung seines Guru wird er sie als seine eigenen Projektionen erkennen, als das Spiel des Geistes, und er wird befreit sein. Es ist, als sähe er beispielsweise einen ausgestopften Löwen: er ist sehr erschreckt, wenn er nicht weiß, daß da in Wirklichkeit nur ein ausgestopfter Löwe ist; zeigt ihm jedoch jemand, was das ist, so ist er erstaunt und fürchtet sich nicht mehr. Auch hier ist er erschreckt und verwirrt, wenn die bluttrinkenden Gottheiten mit ihren riesigen Körpern und prallen Gliedern auftauchen und den gesamten Raum erfüllen. Aber sobald man ihn weist, erkennt er sie als seine eigenen Projektionen oder als Yidams; der Glanz, über

den er früher meditiert hat, und der aus sich existierende Glanz, der später aufgeht, Mutter und Sohn, schmelzen zusammen, und, als träfe er einen Mann, den er gut gekannt hat, so geht der selbstbefreiende Glanz seines eigenen Geistes spontan vor ihm auf, und er ist selbstbefreit.⁝
Erhält er diese Weisung nicht, dann kann sich selbst ein guter Mensch an diesem Punkt zurückwenden, um weiter im Saṃsāra zu wandern.⁝
Dann werden die acht rasenden Gaurīs und die Piśācīs mit den verschiedensten Köpfen aus seinem eigenen Gehirn hervortreten und vor ihm erscheinen. Um ihn also erneut zu weisen, rufe man den toten Menschen beim Namen und spreche diese Worte:⁝
»O Sohn edler Familie höre unbeirrt! Die acht Gaurīs werden aus deinem eigenen Gehirn hervortreten und dir erscheinen. Fürchte sie nicht.⁝
»Aus dem östlichen Viertel deines Gehirns wird dir die weiße Gaurī erscheinen; als Keule hält sie einen Leichnam in der rechten und einen blutgefüllten Schädelbecher in der linken Hand. Fürchte dich nicht. Aus dem Süden die gelbe Caurī, die einen Pfeil von einem Bogen schießt; aus dem Westen die rote Pramohā, die einen Krokodilhaut-Banner schwenkt; aus dem Norden die schwarze Vetālī, die einen Vajra und einen blutgefüllten Schädelbecher hält; aus dem Südosten die orangefarbene Pukkasī, die Eingeweide in ihrer rechten Hand hält und sie mit der linken ißt; aus dem Südwesten die dunkelgrüne Ghasmarī, die aus einem blutgefüllten Schädelbecher trinkt, den sie in der linken Hand hält und mit einem Vajra in der rechten umrührt; aus dem Nordwesten die blaßgelbe Candālī, die den Kopf von einem Körper reißt, das Herz in der rechten Hand hält und mit der linken den Körper ißt; aus dem Nordosten die dunkelblaue Śmaśānī, die den Kopf von einem Körper reißt und ißt. Diese acht Gaurīs der Himmelsrichtungen, welche die fünf bluttrinkenden Herukas umgeben, werden aus deinem Gehirn hervortreten und vor dir erscheinen. Fürchte sie nicht.⁝

»O Sohn edler Familie, höre unbeirrt! Nach ihnen werden nacheinander die acht Piśācīs der heiligen Orte hervortreten und vor dir erscheinen. ⁝

»Aus dem Osten Sinhamukhā, weinfarben, löwenköpfig, ihre beiden Hände über ihrer Brust gekreuzt, einen Leichnam in ihrem Maul haltend und ihre Mähne schüttelnd; aus dem Süden Vyāghrīmukhā, rot, tigerköpfig, ihre beiden gekreuzten Arme abwärtsgerichtet, mit starren Augen und gebleckten Zähnen; aus dem Westen Śrgālamukhā, schwarz, fuchsköpfig, ein Rasiermesser in der rechten Hand und in der linken Eingeweide haltend, die sie frißt und das Blut aufleckt; aus dem Norden Śvānamukhā, dunkelblau, wolfsköpfig, mit beiden Händen einen Leichnam zum Maul führend, mit starren Augen; aus dem Südosten Grdhramukhā, blaßgelb, geierköpfig, einen großen menschlichen Leichnam über der Schulter tragend und ein Skelett in der Hand haltend; aus dem Südwesten Kankamukhā, dunkelrot, falkenköpfig, eine große abgezogene Haut über der Schulter tragend; aus dem Nordwesten Kākamukhā, schwarz, rabenköpfig, einen Schädelbecher in der linken Hand und ein Schwert in der rechten haltend, ein Herz und Lungen fressend; aus dem Nordosten Ūlumukhā, dunkelblau, eulenköpfig, einen Vajra in der rechten Hand und ein Schwert in der linken haltend, und fressend: diese acht Piśācīs der heiligen Orte, welche die fünf bluttrinkenden Herukas umgeben, werden aus dem Inneren deines eigenen Gehirns hervortreten und vor dir erscheinen. Fürchte sie nicht. Erkenne, was immer erscheint, als das Spiel des Geistes, deine eigenen Projektionen. ⁝

»O Sohn edler Familie, auch die vier Gottheiten der Tore werden aus dem Inneren deines Gehirns hervortreten und vor dir erscheinen, also erkenne sie. ⁝

»Aus dem östlichen Viertel deines Gehirns wird die weiße Ankuśā, tigerköpfig, einen Sporn und einen blutgefüllten Schädelbecher haltend, hervortreten und vor dir erscheinen; aus dem Süden Pāśā, gelb, sauköpfig, eine Schlinge haltend; aus dem Westen Śrnkhalā, rot, löwenköpfig, eine eiserne Kette haltend; und aus dem Norden Ghantā, grün, schlangenköpfig, eine Glocke haltend: diese vier Torhüterinnen werden aus deinem eigenen Gehirn hervortreten und vor dir erscheinen. Erkenne sie als Yidams.፧

»O Sohn edler Familie, nach den dreißig rasenden Herukas werden die achtundzwanzig Yoginīs nacheinander aus deinem Gehirn hervortreten und vor dir erscheinen, mit verschiedenen Köpfen und verschiedene Embleme tragend. Fürchte sie nicht, sondern erkenne, was immer erscheint, als das Spiel des Geistes, deine eigenen Projektionen. In diesem Augenblick, da du den entscheidenden Punkt erreichst, erinnere dich an die Unterweisungen deines Guru.፧

»O Sohn edler Familie, aus dem Osten werden die sechs Yoginīs des Ostens aus deinem Gehirn hervortreten und vor dir erscheinen: Rākṡasī, Dämonin, weinfarben, mit dem Kopf eines Yak, einen Vajra in der Hand haltend; Brāhmī, orangefarben, schlangenköpfig, einen Lotus in der Hand haltend; Mahādevī, die Große Göttin, dunkelgrün, leopardenköpfig, einen Dreizack in der Hand haltend; Lobhā, die Gierige, blau, affenköpfig, ein Rad in der Hand haltend; Kumārī, die Jungfrau, rot, mit dem Kopf eines gelben Bären, einen kurzen Speer in der Hand haltend; und Indrānī, weiß, mit dem Kopf eines braunen Bären, eine Schlinge von Gedärmen in der Hand haltend. Fürchte sie nicht.፧

»O Sohn edler Familie, aus dem Süden werden die sechs Yoginīs des Südens aus deinem Gehirn hervortreten und vor dir erscheinen: Vajrā, gelb, mit dem Kopf eines Schweins, ein Rasiermesser in der Hand haltend; Śānti, die Friedliche, rot, mit dem Kopf eines Seeungeheuers, eine Vase in der Hand haltend; Amrtā, das Elixier der Unsterblichkeit, rot, mit dem Kopf eines Skorpions, einen Lotus in der Hand haltend; Candrā, Mond, weiß, falkenköpfig, einen Vajra in der Hand haltend; Dandā, Keule, dunkelgrün, fuchsköpfig, eine Keule in der Hand tragend; und Rākṡasī, Dämonin, dunkelgelb, tigerköpfig, einen blutgefüllten Totenschädel in der Hand haltend. Fürchte sie nicht.፧

»O Sohn edler Familie, aus dem Westen werden die sechs Yoginīs des Westens aus deinem Gehirn hervortreten und vor dir erscheinen: Bhakṡinī, die Fressende, dunkelgrün, geierköpfig, eine Keule in der Hand haltend; Rati, Vergnügen, rot, pferdeköpfig, den Rumpf eines großen Leichnams in der Hand haltend; Mahābalā, Große Kraft, weiß, mit dem Kopf eines Garuda, eine Keule in der Hand haltend; Rākṡasī, Dämonin, rot, hundeköpfig, die mit einer Vajra-Klinge in der Hand schneidet; Kāmā, Begierde, rot, mit dem Kopf eines Hupu, die einen Pfeil von einem Bogen in ihrer Hand schießt; und Vasurakṡā, Beschützerin des Reichtums, dunkelgrün, mit dem Kopf eines Rehes, eine Vase in der Hand haltend. Fürchte sie nicht.⁝

»O Sohn edler Familie, aus dem Norden werden die sechs Yoginīs des Nordens aus deinem Gehirn hervortreten und vor dir erscheinen: Vāyudevī, Windgöttin, blau, wolfsköpfig, mit der Hand eine Flagge schwenkend; Nārī, Weib, rot, büffelköpfig, einen Pfahl in der Hand haltend; Vārāhī, Sau, schwarz, mit dem Kopf einer Sau, eine Kette von Zähnen in der Hand haltend; Vajrā, rot, mit dem Kopf einer Krähe, eine Kinderhaut in der Hand haltend; Mahāhastinī, Elephant, dunkelgrün, elephantenköpfig, einen großen Leichnam in der Hand haltend und sein Blut trinkend; und Varunadevī, Wassergöttin, blau, schlangenköpfig, eine Schlinge von Schlangen in der Hand haltend. Fürchte sie nicht.⁝

»O Sohn edler Familie, die vier Yoginīs der Tore werden aus deinem Gehirn hervortreten und vor dir erscheinen: aus dem Osten die weiße Vajrā kuckucksköpfig, einen eisernen Haken in der Hand haltend; aus dem Süden die gelbe Vajrā, ziegenköpfig, eine Schlinge in der Hand haltend; aus dem Westen die rote Vajrā, löwenköpfig, eine eiserne Kette in der Hand haltend; und aus dem Norden die dunkelgrüne Vajrā, schlangenköpfig, eine Glocke in der Hand haltend: diese vier Yoginīs der Tore werden aus deinem Gehirn hervortreten und vor dir erscheinen.⁝

»Diese achtundzwanzig Yoginīs entstehen spontan aus dem Spiel der aus sich bestehenden Form der rasenden Herukas, also erkenne sie.⁝

»O Sohn edler Familie, der Dharmakāya erscheint als friedliche Gottheiten aus einem Teil der Leere heraus; erkenne ihn. Der Sambhogakāya erscheint als rasende Gottheiten aus einem Teil des Glanzes heraus, also erkenne ihn. Wenn du zu dieser Zeit, da die achtundfünfzig bluttrinkenden Gottheiten aus deinem Gehirn hervortreten und vor dir erscheinen, erkennst, daß, was immer erscheint, aus deiner eigenen strahlenden Einsicht erstanden ist, dann wirst du augenblicklich zu einem von den bluttrinkenden Gottheiten untrennbaren Buddha werden.꞉

»O Sohn edler Familie, wenn du sie nicht derart erkennst, dann wirst du sie fürchten und entfliehen, und so hingehen müssen in weiteres Elend. Erkennst du nicht derart, wirst du all die bluttrinkenden Gottheiten als Herren des Todes sehen, und du wirst sie fürchten. Du wirst erschreckt und entsetzt sein und ohnmächtig werden. Deine eigenen Projektionen werden sich in Dämone verwandeln, und du wirst im Samsāra wandern. Doch wenn du dich weder anziehen noch abschrekken läßt, wirst du nicht im Samsāra wandern.꞉

»O Sohn edler Familie, die größten Körper dieser friedlichen und rasenden Gottheiten sind groß wie das ganze Firmament, die mittleren so groß wie der Berg Meru und die kleinsten so groß wie achtzehn unserer Körper übereinander, also fürchte sie nicht. Alle Phänomene erscheinen als Lichter und Bilder. Indem du all diese Erscheinungen als die natürliche Strahlung deines eigenen Geistes erkennst, wird deine eigene Strahlung untrennbar mit diesen Lichtern und Bildern verschmelzen und du wirst ein Buddha werden. O Sohn, was immer du siehst, wie erschreckend es auch sein mag, erkenne es als deine eigene Projektion; erkenne es als den Glanz, die natürliche Strahlung deines eigenen Geistes. Erkennst du derart, so wirst du im selben Augenblick ein Buddha, darüber gibt es keinen Zweifel. Was man die Vollkommene Augenblickliche Erleuchtung nennt, tritt im selben Moment ein. Erinnere dich daran!꞉

»O Sohn edler Familie, wenn du jetzt nicht erkennst und dich immer noch fürchtest, dann werden all die friedlichen Gottheiten in der Form des Mahākāla erscheinen und all die rasenden Gottheiten in der Form des Dharma-Königs, des Herrn des Todes, und du wirst im Samsāra wandern, in dem alle deine Projektionen in Dämone verwandelt sind. ⁝

»O Sohn edler Familie, erkennst du deine eigenen Projektionen nicht, so wirst du niemals ein Buddha werden, auch wenn du den Dharma für ein Äon geübt hast und gelehrt bist in allen Sūtras und Tantras. Doch wenn du deine Projektionen erkennst, wirst du durch *ein* Geheimnis und *ein* Wort zu einem Buddha. ⁝

»Erkennst du deine Projektionen nicht, dann werden sie in der Form des Dharma-Königs, des Herrn des Todes, im Bardo der Dharmatā erscheinen, sobald du gestorben bist. Die größten Körper der Herrn des Todes werden das ganze Firmament erfüllen, und die mittleren sind riesig wie der Berg Meru; sie werden kommen und das ganze Universum ausfüllen. Mit auf die Unterlippe beißenden Zähnen, glasigen Augen, oben auf dem Kopf zusammengebundenen Haaren, mit riesigen Bäuchen und dünnen Hälsen, die Merktafeln des Karma in der Hand haltend, brüllen sie »Schlag zu!« und »Töte!«, schlürfen Gehirne, reißen Köpfe von Körpern und ziehen die Eingeweide heraus: auf diese Art werden sie kommen und das gesamte Universum ausfüllen. ⁝

»O Sohn edler Familie, wenn derartige Projektionen erscheinen, fürchte dich nicht. Du hast einen Gedankenkörper aus unbewußten Neigungen. Selbst wenn du gehenkt und in Stücke geschnitten wirst, kannst du nicht sterben. Du hast in Wirklichkeit die natürliche Form der Leere, du brauchst also nichts zu fürchten. Auch die Herrn des Todes erstehen aus deinem eigenen strahlenden Geist, sie haben keine feste Substanz. Leere kann der Leere nichts anhaben. Du kannst sicher sein, daß die äußerlichen friedlichen und rasenden Gottheiten, die bluttrinkenden Herukas, die tierköpfigen Gottheiten, das Regenbogenlicht, die entsetzlichen Formen der Herrn des Todes und so weiter keine Substanz haben, sie entstehen bloß aus dem spontanen Spiel deines Geistes. Wenn du dies verstehst, dann ist alle Furcht ganz natürlich befreit, und, indem du untrennbar verschmilzt, wirst du ein Buddha. Erkennst du auf diese Art, so sind sie deine Yidams.⁝

»Denke voller Inbrunst, ›Sie sind gekommen, mich einzuladen auf der gefährlichen Gratwanderung des Bardo; ich nehme Zuflucht zu ihnen.‹ Erinnere dich an die Drei Juwelen. Erinnere dich an deinen eigenen Yidam; rufe ihn beim Namen und flehe ihn mit diesen Worten an: ›Ich wandere im Bardo, so sei mein Retter, fasse mich voller Erbarmen, o teurer Yidam!‹ Rufe den Namen deines Guru und flehe ihn an: ›Ich wandere im Bardo, so sei mein Retter, mögest du voller Erbarmen mich nicht verlassen.‹ Flehe die bluttrinkenden Gottheiten voller Hingabe an und sprich dieses Inspirationsgebet:⁝

So ich ob starker unbewußter Neigungen wandere im Samsāra,
Im Glanz der Erlösung von aller Furcht,
Mögen mir die Erhabenen, Friedliche und Rasende, voranschreiten
Die rasenden Göttinnen, Königinnen des Raumes, im Rükken;
O steht mir bei auf der gefährlichen Gratwanderung des Bardo,
Geleitet mich zur vollkommenen Buddhaschaft.
So ich getrennt von den geliebten Freunden einsam wandere,
Und die leeren Formen meiner eigenen Projektionen mir erscheinen,
Mögen die Buddhas die Macht ihres Erbarmens aussenden,
Damit die Schrecken des Bardo nicht auftreten.
So die fünf glänzenden Lichter der Weisheit strahlen,
Möge ich ohne Furcht mich selbst erkennen;
So die Formen der Friedlichen und Rasenden erscheinen,
Möge ich furchtlos und vertrauensvoll den Bardo erkennen.
So ich Leid erfahre ob der Macht des üblen Karma,
Möge mein Yidam alles Leid ausräumen;
So der Klang des Dharma grollt wie tausend Donnerschläge,

Möge all das zum Klang der sechs Silben[16] *sich wandeln.*
So ich meinem Karma folge, ohne Zuflucht,
Möge der Herr des Großen Erbarmens mir Zuflucht sein;
So ich das Karma unbewußter Neigungen erleide,
Möge mir der Samādhi von Glückseligkeit und Glanz aufgehen.
Mögen die fünf Elemente nicht als Feinde aufstehen,
Möge ich die Reiche der fünf Buddhas schauen.꞉

»Sprich dieses Inspirationsgebet mit tiefer Hingabe. Alle Furcht wird verschwinden und du wirst sicherlich ein Buddha im Sambhogakāya werden, es ist also sehr wichtig, lasse dich nicht beirren.«꞉

Diese Worte sollten dreimal oder bis zu sieben Mal wiederholt werden. Wie groß die Sünden und wie schlecht das verbleibende Karma auch sein mögen, es ist unmöglich, nicht befreit zu werden. Wenn sie jedoch, bei allem, was für sie getan wird, nicht erkennen, dann müssen sie in den dritten Bardo wandern, den Bardo des Werdens; also wird im folgenden sein Weisen in allen Einzelheiten dargelegt.꞉

Die meisten Menschen, ob sie in der Meditation viel oder wenig geübt waren, sind während des Bardo des Augenblickes vor dem Tod von Furcht sehr verwirrt, so daß es für sie kein anderes Mittel als diese »Befreiung durch Hören« gibt. Jenen, die viel meditiert haben, geht der Bardo der Dharmatā plötzlich auf, wenn ihr Geist und ihr Körper sich trennen. Jene, die ihren eigenen Geist erkannt haben und sich zu Lebzeiten geübt haben, sind sehr stark, wenn der Glanz während des Bardo des Augenblickes vor dem Tod erscheint; Übung zu Lebzeiten ist also äußerst wichtig. Und jene, die zu Lebzeiten über die Bildliche Vorstellung und die Vollkommene Übung der tantrischen Gottheiten meditiert haben, sind sehr stark, wenn die Visionen der friedlichen und rasenden Gottheiten während der Bardo der Dharmatā erscheinen. Deshalb ist es

[16] Das sechs-silbige Mantra des Avalokiteśvara: om maṇipadme hūm.

äußerst wichtig, den Geist sorgfältig in dieser »Befreiung durch Hören im Bardo« zu üben, vor allem zu Lebzeiten.༔

Begreife sie, vervollkommne sie, lese sie laut, präge sie dir sorgfältig ein, lies sie regelmäßig dreimal am Tag, mache dir den Sinn ihrer Worte vollkommen klar, so daß du die Worte und den Sinn nicht einmal vergessen würdest, wenn hundert Mörder auftauchten und dich hetzten. Da sie genannt wird die »Große Befreiung durch Hören«, werden selbst Menschen, die die fünf Todsünden begangen haben, mit Sicherheit befreit, wenn sie sie nur hören; deshalb sollte sie auch in der Menge laut gelesen und weit verbreitet werden.༔
Selbst wenn man sie so nur einmal gehört und ihren Sinn nicht verstanden hat, wird man sich im Bardo-Zustand, wo der Geist neunmal so klar wird, daran erinnern, ohne ein einziges Wort vergessen zu haben. Deshalb sollte man sie jedermann zu Lebzeiten vortragen, man sollte sie am Bett aller Kranken lesen, man sollte sie neben dem Körper all der Toten lesen, man sollte sie überall verbreiten.༔
Ihr zu begegnen bedeutet großes Glück; es ist schwierig, ihr zu begegnen, außer für jene, die ihre Dunkelheit ausgeräumt und Verdienst gesammelt haben. Hört man sie, ist man befreit, indem man ihr einfach nicht mißtraut, deshalb ist sie hoch zu achten. Sie faßt das Wesen des gesamten Dharma zusammen.༔

Das Ende des Weisens des Bardo der Dharmatā, genannt die »Große Befreiung durch Hören«, die Bardo-Lehre, die befreit, indem man sie bloß hört und sieht.༔

sarvamaṅgalam༔

अवलोकितेश्वर སྤྱན་རས་གཟིགས

Hochachtungsvolle Verehrung den Gottheiten:
Den Gurus, Yidams und Dākinīs;
Mögen sie Befreiung im Bardo wirken.
In der »Großen Befreiung durch Hören«
Wurde zuvor der Bardo der Dharmatā gewiesen,
Nun kommt die Mahnung des Bardo des Werdens.⁝

Obwohl der Bardo der Dharmatā im Vorhergehenden viele Male gewiesen wurde, ist es, außer für jene, die in der Meditation erfahren waren und die gute karmische Voraussetzungen haben, für all jene, die nicht geübt, oder die sehr bösartig waren, schwierig zu erkennen. So sollte man sie ungefähr vom zehnten Tag an wieder mit diesen Worten erinnern:⁝
»O Sohn edler Familie, höre gut zu und verstehe. Höllenwesen, Götter und der Bardo-Körper werden spontan geboren. Als die friedlichen und rasenden Gottheiten im Bardo der Dharmatā erschienen, hast du sie nicht erkannt; so bist du nach fünf und einem halben Tag ohnmächtig geworden; doch als du dich erholtest, wurde dein Bewußtsein klar, und ein Körper wie dein früherer stand auf. Im Tantra wird gesagt:⁝

Mit dem früheren und künftigen materiellen Körper des Bardo des Werdens,
Vollständig mit allen Sinnen, wandernd ohne Hindernis,
Vom Karma mit wundertätiger Macht begabt,
Geschaut von den reinen Augen der Götter gleicher Natur⁝

»Hier heißt ›früher‹, daß du einen Körper wie deinen früheren aus Fleisch und Blut hast, da du dich an ihn erinnerst, aber er ist auch strahlend und besitzt einige Kennzeichen gleich einem Körper des goldenen Zeitalters. Dies ist die Erfahrung eines Gedankenkörpers; so wird er der Gedankenkörper der Bardo-Erfahrung genannt. Sollst du als Gott geboren werden, so wirst du zu dieser Zeit den Bereich der Götter erfahren, und als was immer du geboren werden sollst, als Eifersüchtiger Gott, als Mensch, als Tier, Hungriger Geist oder Höllenwesen: du wirst die Erfahrung jenes Bereiches machen. Des-

halb bedeutet ›früher‹, daß du bis zu vier und einem halben Tag glaubst, du habest einen materiellen Körper aus Erinnerungen an deinen früheren, und ›künftig‹ heißt, daß du danach Erfahrungen davon machen wirst, wo immer du später geboren werden wirst; deshalb heißt es ›früher‹ und ›künftig‹. ༔
»Was für Projektionen sich zu dieser Zeit auch erheben, folge ihnen nicht, lasse dich nicht hinziehen zu ihnen und sehne dich nicht danach. Wirst du zu ihnen hingezogen oder sehnst du dich danach, dann wirst du in die sechs Bereiche wandern und elend werden. ༔
»Obwohl bis gestern die Projektionen des Bardo der Dharmatā erschienen, hast du sie nicht erkannt; also mußtest du hierher wandern. Nun, wenn du vermagst unbeirrt zu meditieren, verharre im reinen, nackten Geist, der Glanz-Leere, die dein Guru dir gewiesen hat, entspannt in einem Zustand des Nicht-Ergreifens und der Absichtslosigkeit. Du wirst Befreiung erlangen und nicht in einen Mutterschoß eintreten. ༔
»Vermagst du nicht zu erkennen, dann stelle dir deinen Yidam oder deinen Guru über deinem Kopf vor und fühle ganz stark die tiefste Hingabe. Dies ist äußerst wichtig. Wieder und wieder sei dir gesagt, lasse dich nicht beirren.« ༔
So spreche man. Erkennt er dies, so wird er befreit sein und nicht in die sechs Bereiche wandern. Doch unter dem Einfluß des schlechten Karma ist es schwierig, zu erkennen, also spreche man diese Worte: ༔
»O Sohn edler Familie, höre mit unbeirrtem Geist. ›Vollständig mit allen Sinnen‹, das heißt, daß nun im Bardo-Zustand, selbst wenn du zu Lebzeiten beispielsweise blind, taub oder lahm warst, deine Augen Formen sehen, deine Ohren Klänge hören, und daß all deine Sinne klar und unversehrt sind; deshalb heißt es: ›vollständig mit allen Sinnen‹. Dies ist ein Zeichen dafür, daß du gestorben bist und im Bardo-Zustand wanderst, also erkenne, erinnere dich der Unterweisung. ༔
»O Sohn edler Familie, ›ohne Hindernis‹, das heißt, du bist ein Gedankenkörper, und dein Geist ist von seiner Stütze getrennt, du hast keinen materiellen Körper, und so kannst du

vor und zurück überall hingehen, selbst durch den Berg Meru hindurch, den König aller Berge, oder sonstwo hin, außer in den Schoß deiner Mutter oder den Vajra-Sitz.[17] Dies ist ein Zeichen dafür, daß du im Bardo des Werdens wanderst, also erinnere dich der Lehren deines Guru und bete zum Herrn des Großen Erbarmens.⸽

»O Sohn edler Familie, ›vom Karma mit wundertätiger Macht begabt‹, das heißt, daß du nun als Folge der Kraft des Karma in Übereinstimmung mit deinen Taten wunderbare Kräfte besitzt, nicht jene, die aus der Meditation oder den Tugenden entstehen. Du kannst die vier Kontinente und den Berg Meru in einem einzigen Augenblick durchlaufen und augenblicklich überall hin gelangen, sobald du nur daran denkst, oder in der Zeit, die ein Mann braucht, die Hand auszustrecken und zurückzuziehen. Aber diese verschiedenen Kräfte sind unnütz; beschäftige dich nicht damit. Nun vermagst du, sie ohne Hindernis einzusetzen, alles was du denkst, kannst du ausführen, keine Handlung ist dir unmöglich, also erkenne und flehe deinen Guru an.⸽

»O Sohn edler Familie, ›Geschaut von den reinen Augen der Götter gleicher Natur‹, das heißt, daß jene, die mit gleicher Natur geboren werden, einander im Bardo Zustand sehen, so sehen jene, die als Götter geboren werden, einander. Sehne dich nicht nach ihnen, sondern meditiere über den Herrn des Großen Erbarmens. ›Geschaut von den reinen Augen der Götter‹, das heißt auch gesehen von den reinen göttlichen Augen der Meditierenden im wirklichen Samādhi, nicht nur dem, das aus dem Verdienst der Götter resultiert. Aber sie sehen nicht immer; konzentrieren sie sich auf das Sehen, dann sehen sie; konzentrieren sie sich nicht, oder ist ihre Meditation gestört, dann sehen sie nicht.⸽

»O Sohn edler Familie, mit einem solchen Körper wirst du dein Heim und deine Familie sehen, als begegnetest du ihnen

[17] Der Vajra-Sitz ist der Sitz, auf dem Gautama Buddha saß, als er bei Bodhgayā Erleuchtung erlangte.

in einem Traum, aber obwohl du zu ihnen sprichst, wirst du keine Antwort erhalten. Du wirst deine Verwandten und deine Familie weinen sehen, und so wirst du denken, ›Ich bin tot, was soll ich nur tun?‹ und große Schmerzen leiden, wie die Schmerzen eines Fisches, der im heißen Sand zappelt. Aber zu leiden nützt dir jetzt nichts. Hast du einen Guru, so flehe ihn an, oder flehe zum Yidam, dem Herrn des Großen Erbarmens. Auch wenn du deinen Verwandten verhaftet bist, hilft dir das nicht, also hänge nicht an ihnen. Flehe zum Herrn des Großen Erbarmens, und es wird kein Leid und keine Furcht geben. ༔

»O Sohn edler Familie, vom immer wehenden Wind des Karma umhergetrieben, wird dein Geist ohne Stütze hilflos das Roß des Windes reiten, wirbelnd, taumelnd wie eine Feder. Du wirst zu den Klagenden sagen, ›Ich bin hier, weint nicht‹, aber sie werden dich nicht wahrnehmen, und so wirst du denken, ›Ich bin gestorben‹, so daß dich jetzt großer Schmerz übermannt. Leide nicht dergestalt. Die ganze Zeit wird da ein grauer Schleier sein, wie das graue Licht eines Herbsttages, weder Tag noch Nacht. Diese Art des Bardo-Zustandes dauert eine, zwei, drei, vier, fünf sechs oder sieben Wochen, ja bis zu neunundvierzig Wochen. Man behauptet, das Leiden im Bardo des Werdens dauere gewöhnlich einundzwanzig Tage, aber wegen des Einflusses des Karma kann man das nicht ganz genau sagen. ༔

»O Sohn edler Familie, zu dieser Zeit wird der große Wirbelsturm des Karma, entsetzlich, unerträglich, mit wütendem Toben, dich von hinten treiben. Fürchte ihn nicht, er ist deine eigene verblendete Projektion. Dichte Dunkelheit, entsetzlich, unerträglich, wird dir vorangehen mit schrecklichen Schreien von ›Schlag zu!‹ und ›Töte!‹ Fürchte dich nicht. Im Falle anderer Menschen, die großes Übel getan haben, werden infolge ihres Karma viele fleischfressende Dämone erscheinen, mit verschiedenen Waffen, unter Kriegsgeschrei, ›Töte!‹ und ›Schlag zu!‹ und ähnliches brüllend. Du wirst dich fühlen, als würdest du von allen möglichen schrecklichen wilden Tieren gejagt und von einer riesigen Armee in Schnee, Regen,

Stürmen und Dunkelheit verfolgt. Da wird ein Geräusch sein von stürzenden Bergen, überflutenden Seen, um sich greifendem Feuer und von heftigen Sturmböen. Voller Entsetzen wirst du fliehen wohin nur möglich, aber drei Abgründe vor dir werden dir den Weg abschneiden, weiß, rot und schwarz, tief und schauerlich, und es wird sein, als stürzest du jeden Augenblick in sie hinab. ⁝

»O Sohn edler Familie, es sind keine wirklichen Abgründe, es sind Agression, Leidenschaft und Unverstand. Erkenne dies jetzt als den Bardo des Werdens und rufe den Namen des Herrn des Großen Erbarmens: ›O Herr des Großen Erbarmens, mein Guru, ihr Drei Juwelen, laßt mich (Name) nicht in die Hölle stürzen.‹ So flehe inbrünstig, vergiß nicht. ⁝

»Andere Menschen, die sich Verdienste erworben haben, die ein tugendhaftes Leben geführt und das Dharma ernsthaft geübt haben, werden von allen möglichen vollkommenen Freuden eingeladen, sie erfahren alle möglichen Formen der Freudigkeit und völliger Glückseligkeit. Solche Menschen, die indifferent und unwissend waren, die weder gut noch böse getan haben, erfahren weder Freude noch Schmerz, nur Unverstand und Indifferenz werden erscheinen. Was immer sich derart erhebt, O Sohn edler Familie, ob Freuden oder begehrenswerte Objekte, lasse dich nicht zu ihnen hinziehen, sehne dich nicht danach. Opfere sie dem Guru und den Drei Juwelen. Lasse von allen Bindungen und dem Verlangen in deinem Herzen. Und wenn die Erfahrung der Indifferenz ohne Freude und ohne Schmerz eintritt, dann lasse deinen Geist im Zustand des Großen Symbols, der unbeirrten Nicht-Meditation ruhen. Dies ist äußerst wichtig. ⁝

»O Sohn edler Familie, zu dieser Zeit werden dir Brücken, Schreine und Klöster, Hütten, Stūpas und so weiter für kurze Zeit Unterschlupf gewähren, aber du wirst nicht lange bleiben können. Da dein Geist von deinem Körper getrennt ist, kannst du dich nirgendwo niederlassen, du wirst dich überdrüssig und kalt fühlen, dein Bewußtsein wird dünn und flüchtig, schwankend und unbeständig. Dann wirst du denken, ›O weh, ich bin tot! Was soll ich jetzt nur tun?‹ und indem du dies denkst, wird dein Herz plötzlich leer und kalt werden, und grenzenloser Schmerz wird dich übermannen. Da du ja weiterwandern mußt, ohne dich an irgendeinem Ort niederlassen zu können, beschäftige dich nicht mit allen möglichen Gedanken, sondern lasse deinen Geist in seinem grundlegenden Zustand ruhen.⁝

»Die Zeit wird kommen, da du keine Nahrung hast als die, die dir zum Essen geopfert wurde, und du kannst dir keiner Freunde sicher sein. Dies sind Zeichen für das Wandern des Gedankenkörpers im Bardo des Werdens. In diesem Moment werden Freude und Schmerz durch dein Karma bestimmt. Du wirst deine Heimat, Freunde und Verwandte und deinen eigenen Leichnam sehen und wirst denken, ›Nun bin ich tot, was soll ich nur tun?‹

Der Gedankenkörper wird großes Elend erfahren, und so wirst du denken, ›Warum sollte ich mir nicht einen Körper suchen?‹ und so wirst du überall umherwandern, um einen Körper zu suchen. Doch selbst wenn du bis zu neun Mal in deinen eigenen Leichnam eintrittst, der Winter wird ihn hartgefroren haben oder er ist in der Sommerhitze verrottet, deine Verwandten werden ihn verbrannt oder in einem Grab begraben oder den Vögeln und wilden Tieren dargebracht haben, denn eine lange Zeit ist vergangen im Bardo der Dharmatā, und so wirst du nichts finden, wo du eintreten könntest. Du wirst zutiefst verzweifelt sein und dich fühlen, als würdest du in die Spalten von Felsen und Steinen gepreßt. Solches Elend ist der Bardo des Werdens, selbst wenn du nach einem Körper suchst, ist da nichts als Leid. So gib das Sehnen nach einem Körper auf und verharre im Zustand der Absichtslosigkeit, unbeirrt.«⁝

Indem man ihn derart weist, wird die Befreiung vom Bardo erreicht. Ist es ihm jedoch, obwohl man ihn derart weist, wegen der Macht schlechten Karmas unmöglich, zu erkennen, rufe man den toten Menschen beim Namen und spreche diese Worte:⁝

»O Sohn edler Familie, (Name), höre! Es ist dein eigenes Karma, das dich elend macht, du kannst also niemand anderen dafür verantwortlich machen. Es ist dein eigenes Karma, deshalb flehe nun die Drei Juwelen inbrünstig an, sie werden dich beschützen. Flehst du nicht derart, kennst die Meditation des Großen Symbols nicht, meditierst nicht über deinen Yidam, dann wird das gute Gewissen in dir all deine guten Taten sammeln und sie mit weißen Kieseln aufzählen, und das schlechte Gewissen in dir wird all deine schlechten Taten sammeln und sie mit schwarzen Kieseln aufzählen. Zu dieser Zeit wirst du voller Furcht und Schrecken sein, du wirst zittern und lügen und du wirst sagen, ›Ich habe nicht gesündigt‹. Darauf wird der Herr des Todes sagen, ›Ich werde in den Spiegel des Karma sehen,‹ und sobald er in den Spiegel sieht, werden all deine Sünden und Tugenden plötzlich klar und deutlich erscheinen; also hat dir auch das Lügen nichts genützt. Dann wird der Herr des Todes dich an einem um deinen Hals geschlungenen Seil fortzerren, dir den Kopf abschneiden, dein Herz herausreißen, deine Eingeweide herausziehen, dein Gehirn schlürfen, dein Blut trinken, dein Fleisch essen und an deinen Knochen nagen. Aber du kannst nicht sterben, und so wirst du dich, selbst wenn dein Körper in Stücke zerschnitten wird, wieder erholen.ꓽ

»Wieder und wieder zerschnitten zu werden verursacht furchtbare Schmerzen, darum ängstige dich nicht, wenn die weißen Kiesel gezählt werden, lüge nicht und fürchte den Herrn des Todes nicht. Da du ein Gedankenkörper bist, kannst du nicht sterben, selbst wenn du gehenkt und zerschnitten wirst. In Wirklichkeit bist du die natürliche Form der Leere, du brauchst dich also nicht zu fürchten. Die Herren des Todes sind die natürliche Form der Leere, deine eigenen verblendeten Projektionen, und du bist Leere, ein Gedankenkörper aus unbewußten Neigungen. Leere kann der Leere nichts anhaben, das Eigenschaftslose kann das Eigenschaftslose nicht verletzen. Äußere Herrn des Todes, Götter, böse Geister, der ochsenköpfige Dämon und ähnliche haben keine Wirklichkeit außerhalb deiner verblendeten Projektionen, also erkenne dies. Erkenne in diesem Augenblick alles als den Bardo.ꓽ

»Meditiere über den Samādhi des großen Symbols. Wenn du nicht weißt, wie du meditieren sollst, dann untersuche genau das Wesen dessen, was dich fürchten macht, und du wirst Leere sehen, die keinerlei Eigenschaft hat: dies nennt man den Dharmakāya. Aber diese Leere ist nicht Negation, ihr Wesen ist erschreckend, Geist mit großer Bewußtheit und Klarheit: dies ist der Geist des Sambhogakāya. Die Leere und der Glanz sind nicht zwei verschiedene Dinge, sondern das Wesen der Leere ist Glanz, und das Wesen des Glanzes ist Leere. Nun wird die unteilbare Glanz-Leere, der nackte Geist, bloßgelegt und verweilt in seinem ungeschaffenen Zustand: dies ist der Svabhāvikakāya. Seine eigene natürliche Energie ersteht ungehindert überall: dies ist der barmherzige Nirmānakāya.⁝

»O Sohn edler Familie, schaue diese unbeirrt. Sobald du erkennst, wirst du die Vollkommene Erleuchtung in den vier Kāyas erlangen. Lasse dich nicht ablenken. Dies ist die Trennlinie, an der Buddhas und Lebewesen geschieden werden. Man sagt von diesem Moment:⁝

In einem Augenblick sind sie geschieden,
In einem Augenblick Vollkommene Erleuchtung.⁝

»Bis gestern warst du abgelenkt; so hast du, obwohl ein großer Teil des Bardo-Zustandes erschienen ist, nicht erkannt und bist voller Furcht und Schrecken. Wenn du dich jetzt beirren läßt, dann wird der Faden des Erbarmens durchgetrennt, und du wirst an einen Ort wandern, an dem es keine Befreiung gibt, also nimm dich in acht.«⁝

Weist man ihn derart, so wird er, selbst wenn er zuvor nicht erkannt hat, an dieser Stelle erkennen und Befreiung erlangen. Ist er ein Laie, der nicht zu meditieren weiß, spreche man diese Worte:⁝

»O Sohn edler Familie, weißt du nicht, wie man meditiert, dann erinnere dich an Buddha, Dharma und Sangha und an den Herrn des Großen Erbarmens, und flehe sie an. Meditiere über all die schrecklichen Projektionen als den Herrn des Großen Erbarmens oder als deinen Yidam. Erinnere dich an deinen Guru und an den Namen, den du innerhalb der geheimen Überlieferung in der Menschenwelt erhalten hast, und sage ihn dem Dharma König, dem Herrn des Todes. Selbst wenn du in den Abgrund fällst, wirst du nicht verletzt werden, also laß Furcht und Schrecken fahren.«⸽

Weist man ihn mit diesen Worten, dann wird er jetzt Befreiung erlangen, auch wenn er zuvor nicht befreit wurde. Da jedoch die Möglichkeit besteht, daß er nicht erkennt und also nicht befreit wird, ist es äußerst wichtig, einen weiteren Versuch zu machen, und so sollte man den toten Menschen erneut beim Namen rufen und diese Worte sprechen:⸽

»Die nun auftretenden Erfahrungen werden dich wie ein Katapult von Augenblick zu Augenblick abwechselnd in Zustände von Freude und Trübsal schleudern, so entwickle nun keine Gefühle der Leidenschaft und der Aggression.⸽

»Sollst du in einem höheren Bereich geboren werden, dann werden zu der Zeit, da die Erfahrungen der höheren Bereiche auftreten, deine Verwandten an dem Ort, den du verlassen hast, für die Toten viele Tiere opfern. Damit werden unreine Gedanken in dir aufsteigen, und du wirst heftigen Ärger verspüren, der dazu führen wird, daß du als Höllenwesen geboren wirst. Darum lasse keinen Ärger aufkommen, was immer an dem Ort geschieht, den du verlassen hast, sondern meditiere über Freundlichkeit.⸽

»Bist du den Besitztümern verhaftet, die du zurückgelassen hast, oder fühlst du dich in dem Wissen darum, daß nun jemand anders deine Dinge besitzt und sich daran erfreut, ihnen verbunden, dann wirst du ärgerlich werden auf die Menschen, die du zurückgelassen hast. Das wird sicherlich dazu führen, daß du als Höllenwesen oder Hungriger Geist geboren wirst, selbst wenn du einen höheren Zustand erreichen solltest. In jedem Fall kannst du, selbst wenn du den Dingen verhaftet bist, die du zurückgelassen hast, sie doch nicht erlangen. Es hilft dir nichts, darum lasse von dem Festhalten an und dem Verlangen nach deinen Besitztümern; gib sie auf, mit festem Entschluß. Wer immer sich deiner Besitztümer erfreut, neide sie ihm nicht, sondern gib sie hin. Denke mit ganzer Sammlung, daß du sie deinem Guru oder den Drei Juwelen opferst, und verharre in einem Zustand der Wunschlosigkeit. ⁝

»Wird das ›Kankani-Ritual‹ für die Toten zu deinem Wohl rezitiert, und veranstaltet man die ›Läuterung aus den niederen Bereichen‹ und ähnliche Zeremonien für dich, dann wirst du mit der subtilen, übernatürlichen Wahrnehmung, die aus deinem Karma resultiert, sehen, daß sie unrein, verschlafen und unachtsam ausgeführt werden, mit nachlässiger Einstellung und ohne Befolgung der Samaya-Gelübde. Du wirst den Mangel an Glauben und Gefühle des Unglaubens sehen, furchtbedingte sündige Handlungen und Unreinheiten in den Ritualen, und so wirst du denken, ›Weh, sie betrügen mich, ja, sie betrügen mich bestimmt!‹ Diese Gedanken werden Kummer und Verzweiflung in dir auslösen, und da du keine reine Hingabe spürst, wirst du darüberhinaus selbst dein Vertrauen verlieren und dem Unglauben verfallen. Das wird sicherlich dazu führen, daß du in die niederen Bereiche absteigst. Es hilft dir nichts, sondern ist äußerst schädlich, darum denke, wie unrein die von deinen zurückgelassenen spirituellen Freunden ausgeführten Rituale auch sein mögen, mit reinem Glauben und reiner Hingabe, ›Nun, meine Projektionen müssen unrein sein; wie könnte es in den Worten des Buddha Unreinheit geben? Sie sind von meinen eigenen unreinen Projektionen verursacht, als sähe ich die Schwächen meines eigenen Gesichts in einem Spiegel reflektiert. Ist nicht der Körper dieser Menschen die Sangha, ihre Rede das heilige Dharma und ihr Geist das Wesen des Buddha – deshalb nehme ich Zuflucht zu ihnen.‹ Dann wird dir alles helfen, was an dem Ort, den du verlassen hast, getan wird; es ist also von größter Bedeutung, dergestalt reine Gedanken zu haben; vergiß das nicht! ⁝

»Sollst du in einem der drei niederen Bereiche geboren werden, dann werden zu der Zeit, da die Erfahrung dieser Bereiche sich einstellt, deine Verwandten an dem Ort, den du verlassen hast, verdienstvolle Rituale frei von Sünden ausführen, und Gurus und Lehrer üben das heilige Dharma mit vollkommener Reinheit des Körpers, der Rede und des Geistes.

So wird es dir eine große Freude sein, sie zu sehen, und das wird unmittelbar dazu führen, daß du in einem höheren Bereich geboren wirst. Selbst wenn du in die drei niederen Bereiche hinabfallen müßtest, ist es sehr segensreich. Es ist deshalb sehr wichtig, keine unreinen Gedanken zu haben, sondern reine Hingabe ohne Vorurteile zu fühlen, also nimm dich in acht.ᠻ
»O Sohn edler Familie, um es noch einmal zusammenzufassen: nun hat dein Geist im Bardo-Zustand keine Stütze; er ist also leicht und beweglich, und jeder Gedanke, der sich darin erhebt, sei er gut oder schlecht, ist sehr mächtig. Lasse also keinen Gedanken an schlechte Taten aufkommen, sondern erinnere dich an das Üben der Tugend. Hast du keine Übung, so fühle Hingabe und habe reine Gedanken. Flehe zu deinem Yidam und dem Herrn des Großen Erbarmens, und sprich dieses Inspirationsgebet mit inbrünstiger Sammlung:ᠻ

So ich getrennt von den geliebten Freunden einsam wandere,
Und die leeren Formen meiner eigenen Projektionen mir erscheinen,
Mögen die Buddhas die Macht ihres Erbarmens aussenden,
Damit die Schrecken des Bardo nicht auftreten.
So ich Leid erfahre ob der Macht des üblen Karma,
Möge mein Yidam alles Leid ausräumen;
So der Klang der Dharmatā grollt wie tausend Donnerschläge,
Möge all das zum Klang der sechs Silben sich wandeln.
So ich meinem Karma folge, ohne Zuflucht,
Möge der Herr des Großen Erbarmens mir Zuflucht sein;
So ich das Karma unbewußter Neigungen erleide,
*Möge mir der Samādhi von Glückseligkeit und Glanz aufgehen.*ᠻ

Sprich dieses Gebet inbrünstig; es wird dich sicherlich auf den Pfad führen. Sei völlig überzeugt, daß es nicht trügerisch ist, dies ist besonders wichtig.«ᠻ

Ist dies gesagt, so wird er sich erinnern und erkennen und damit Befreiung erlangen. Doch selbst, wenn man das viele Male tut, ist das Erkennen wegen der Macht vielen üblen Karmas schwierig; darum ist es sehr hilfreich, es viele Male zu wiederholen. Man rufe den toten Menschen erneut beim Namen und spreche diese Worte:⁝

»O Sohn edler Familie, hast du nicht verstanden, was bisher geschehen ist, so wird von nun an der Körper, den du im vergangenen Leben hattest, verblassen, und der künftige Körper wird immer deutlicher werden, so daß du betrübt bist und denkst, ›Da ich derart leide, will ich nun irgendeinen Körper suchen, der gerade erscheint‹, und du wirst herumirren, vor und zurück, zu allem was gerade erscheint. Die sechs Lichter der sechs Seinsbereiche werden leuchten, und derjenige, in dem du deinem Karma gemäß geboren wirst, wird am hellsten leuchten.⁝

»O Sohn edler Familie, höre! Du magst wissen, welches die sechs Lichter sind: das milde weiße Licht der Götter wird leuchten, und genauso das rote Licht der Eifersüchtigen Götter, das blaue Licht der Menschenwesen, das grüne Licht der Tiere, das gelbe Licht der Hungrigen Geister und das rauchige Licht der Höllenwesen; das sind die sechs Lichter. Im selben Moment wird auch dein Körper die Farbe der Gegend annehmen, in der du geboren werden sollst.⁝

»O Sohn edler Familie, zu dieser Zeit ist der wesentliche Punkt der Unterweisung besonders wichtig: was für ein Licht auch leuchtet, meditiere über dieses als den Herrn des Großen Erbarmens. Meditiere über die Vorstellung, daß das erscheinende Licht der Herr des Großen Erbarmens ist. Dies ist der tiefste wesentliche Punkt, er ist äußerst wichtig und verhindert die Geburt.⁝

»Meditiere lange Zeit über jene Gottheit, die dein Yidam ist, als eine Vision ohne eigene Wirklichkeit, wie ein Phantom. Dieses nennt man den reinen Trugkörper. Dann laß den Yidam von den Rändern einwärts verschwinden und verharre für eine Weile in jenem unvorstellbaren Zustand der Glanz-Leere, der aus rein garnichts besteht. Meditiere erneut über deinen Yidam, dann wieder über den Glanz. Meditiere derart abwechselnd, und lasse schließlich auch deinen Geist von den Rändern einwärts verschwinden. Wo immer Raum ist, da ist Geist, und wo immer Geist ist, da ist der Dharmakāya; verharre im Zustand der Einfachheit und Selbstlosigkeit des Dharmakāya.« ⁝

In diesem Zustand ist die Geburt verhindert, und er wird ein Buddha. Doch jene, die in der Übung nachlässig und in der Meditation nicht erfahren waren, werden nicht verstehen, und werden weiterhin verblendet zum Eingang in einen Mutterschoß wandern. Deshalb sind die Unterweisungen zum Schließen des Schoß-Einganges äußerst wichtig. Man rufe den toten Menschen beim Namen und spreche diese Worte: ⁝

»O Sohn edler Familie, hast du nicht erkannt, was bisher geschehen ist, so wirst du nun das Gefühl haben, du bewegtest dich durch die Macht des Karma aufwärts, seitlich oder abwärts; also meditiere in diesem Moment über den Herrn des Großen Erbarmens; erinnere dich daran! ⁝

»Dann wirst du eine ähnliche Erfahrung haben, wie sie zuvor beschrieben wurde, von Wirbelwinden, Schnee- und Hagelstürmen, einer sich um dich schließenden Dunkelheit und des Gehetztseins von vielen Menschen, und so wirst du vor ihnen fliehen. Jene, die ohne Verdienst sind, werden das Gefühl haben, sie entflöhen an einen Ort des Elends, doch die Verdienstvollen werden spüren, daß sie zu einem Ort der Freude gelangen. ⁝

»Zu dieser Zeit, O Sohn edler Familie, werden all die Zeichen des Landes und Ortes, wo du geboren werden sollst, erscheinen; also höre jetzt unbeirrt, denn es kommen viele sehr tiefe und wesentliche Punkte der Unterweisung. Obwohl du diese Geheimnisse des Erkennens zuvor nicht verstanden hast, wird selbst jemand, der nur nachlässig geübt hat, das Wesentliche hier verstehen, also höre. ⁝

»Zu dieser Zeit ist es äußerst wichtig, sich mit großer Sorgfalt um die Methode des Schließens des Einganges in den Mutterschoß zu bemühen. Es gibt zwei Methoden: das Anhalten der Person, die eingeht, und das Schließen des Schoß-Einganges, in den man eintritt. Hier die Unterweisung für das Anhalten der Person, die eingeht:⸪

»O Sohn edler Familie, (Name), stelle dir klar diejenige Gottheit, die dein Yidam ist, bildlich vor, als eine Vision ohne eigene Wirklichkeit, wie ein Trugbild oder den Mond im Wasser. Hast du keinen besonderen Yidam, so ist es der Herr des Großen Erbarmens selbst; stelle ihn dir lebhaft vor. Dann lasse den Yidam von den Rändern einwärts verschwinden und meditiere über die Glanz-Leere, ohne jeden Gegenstand des Denkens. Dies ist das tiefe Geheimnis; es heißt, daß man durch seine Anwendung nicht in den Mutterschoß eingeht, also meditiere derart.⸪

»Sollte dich dies jedoch nicht anhalten, und du stehst im Begriff, in einen Mutterschoß einzugehen, so gibt es da die tiefe Unterweisung zum Schließen des Schoßeinganges, in den man gerade eingehen soll, also höre. Sprich mir diese Worte der »Hauptverse des Bardo« nach:⸪

So mir der Bardo des Werdens nun aufgeht,
Will ich meinen Geist zu voller Sammlung bringen,
Und mich bemühen das Wirken des guten Karma zu verlängern,
Den Schoß-Eingang verschließen und Widerstand leisten;
Dies ist die Zeit, da Ausdauer und reines Denken unerläßlich sind,
Gib auf die Eifersucht und meditiere über den Guru mit seiner Gefährtin.⸪

Sprich diese Worte laut und deutlich und wecke deine Erinnerung; es ist äußerst wichtig, über ihren Sinn zu meditieren und ihn in die Praxis umzusetzen.⸪

»Dies ist der Sinn: ›So mir der Bardo des Werdens nun aufgeht‹, das heißt, daß du nun im Bardo des Werdens wanderst. Ein Zeichen hierfür ist, daß du dein Spiegelbild nicht siehst, wenn du ins Wasser schaust, und daß dein Körper keinen Schatten hat. Jetzt gibt es keinen materiellen Körper von Fleisch und Blut, und dies sind Zeichen dafür, daß der Gedankenkörper im Bardo des Werdens wandert. So mußt du den Geist nun ohne jedes Abirren vollkommen sammeln; gerade jetzt ist völlige Sammlung das Allerwichtigste. Es ist, als lenktest du ein Pferd mit dem Zügel. Was immer dir in den Sinn kommt, das wird geschehen, so denke nicht an üble Taten, sondern erinnere dich des Dharma, der Lehren, der Überlieferungen und der Einweihung in solche Texte wie diese »Befreiung durch Hören«, die du in der Menschenwelt erhieltest, und bemühe dich, das Wirken des guten Karma zu verlängern. Das ist besonders wichtig. Vergiß es nicht, sei nicht abgelenkt. Diese Zeit ist die Trennlinie zwischen dem Aufsteigen und dem Absteigen; dies ist die Zeit, da du durch das Abgleiten in einen Moment der Achtlosigkeit endlos leiden wirst; dies ist die Zeit, da du durch vollkommene Sammlung für immer glücklich sein wirst. Bringe deinen Geist zu völliger Sammlung; bemühe dich, das Wirken des guten Karma zu verlängern.༔

Nun ist die Zeit zum Schließen des Schoß-Eingangs gekommen. Es heißt:
Schließe den Schoßeingang und leiste Widerstand,
Dies ist die Zeit, da Ausdauer und reines Denken unerläßlich sind.༔

Diese Zeit ist nun gekommen. Zuerst schließe man den Schoß-Eingang. Es gibt fünf Methoden des Verschließens, also verstehe sie wohl.༔
»O Sohn edler Familie, zu dieser Zeit werden Projektionen von Männern und Frauen in der Vereinigung erscheinen. Siehst du sie, so trete nicht zwischen sie, sondern erinnere dich, und meditiere über den Mann und die Frau als den Guru und seine Gefährtin. Wirf dich im Geiste vor ihnen nieder, opfere ihnen in tiefer Hingabe und bitte um Unterweisung; sobald du dich ganz auf diesen Gedanken sammelst, wird der Schoß-Eingang sicherlich verschlossen.༔
»Doch wenn dies ihn nicht verschließt, und du gerade im Begriff bist, in einen Schoß einzugehen, dann meditiere über den Guru und seine Gefährtin als deinen eigenen Yidam – opfere ihnen im Geist. Bitte sie mit inbrünstiger Hingabe, dich zu

spiritueller Vervollkommnung anzuleiten; dies wird den Schoß-Eingang verschließen.⸪

»Doch wenn dies ihn nicht verschließt, und du gerade im Begriff bist, in einen Mutterschoß einzugehen, ist hier die dritte Unterweisung zur Abwendung von Leidenschaft und Aggression. Es gibt vier Arten der Geburt: Geburt aus dem Ei, Geburt aus dem Mutterschoß, spontane Geburt und Geburt aus dem Feuchten. Unter diesen sind die Geburt aus dem Ei und die Geburt aus dem Mutterschoß ähnlich. Wie zuvor beschrieben ist da die Projektion von männlichen und weiblichen Wesen in der sexuellen Vereinigung, und wenn du in diesem Augenblick durch die Macht von Leidenschaft und Aggression in einen Schoß eingehst, wirst du je nachdem als Pferd, Vogel, Hund, menschliches Wesen oder ähnliches geboren. Sollst du als männliches Wesen geboren werden, so wirst du dich selbst als männlich erfahren, und wirst heftige Aggression gegen den Vater und Eifersucht und Begehren gegenüber der Mutter verspüren. Sollst du als weibliches Wesen geboren werden, so wirst du dich selbst als weiblich erfahren und heftigen Neid und Eifersucht gegenüber der Mutter, sowie starkes Begehren und Leidenschaft gegenüber dem Vater verspüren. Dies wird dich auf den Pfad zu dem Mutterschoß führen, und in der Vereinigung des Sperma mit dem Ei wirst du die Aus-sich-seiende Glückseligkeit erfahren. In jenem glückseligen Zustand wirst du das Bewußtsein verlieren, und der Embryo wird erst rund, dann länglich und so weiter wachsen, bis der Körper ausgereift ist und aus dem Mutterschoß hervortritt. Du wirst deine Augen öffnen und dich in einen jungen Hund verwandelt finden; nachdem du zuvor ein Mensch warst, bist du nun ein Hund geworden und wirst in einer Hundehütte leiden, oder ähnlich wirst du dich in einem Schweinestall finden, in einem Ameisenhügel, einem Wurmloch, oder du magst als Kalb, Zicklein, Lamm oder ähnliches geboren werden. Von hier gibt es keine Rückkehr; in diesem Zustand des Stumpfsinns und der Unwissenheit wirst du viel Elend erfahren. Kreist du derart durch die sechs Seinsbereiche, den der Höllenwesen, Hungrigen Geister und so wei-

ter, wird dich grenzenloses Elend quälen. Es gibt nichts Mächtigeres und Schrecklicheres als dies; weh dir, weh dir! Jene, die nicht die heiligen Lehren eines Guru empfangen haben, werden derart in den großen Abgrund des Samsāra stürzen und endloses, unerträgliches Elend leiden; deshalb höre auf meine Worte und verstehe diese meine Unterweisung.፧
»Nun die Unterweisung zum Schließen des Schoß-Einganges durch Abwendung von Leidenschaft und Aggression; höre und verstehe! Es heißt:፧

Schließe den Schoß-Eingang und leiste Widerstand;
Dies ist die Zeit, da Ausdauer und reines Denken unerläßlich sind,
Gib auf die Eifersucht und meditiere über den Guru mit seiner Gefährtin.፧

Wie oben beschrieben, wirst du Gefühle der Eifersucht haben; sollst du als männliches Wesen geboren werden, wirst du die Mutter lieben und den Vater hassen, und sollst du als weibliches Wesen geboren werden, wirst du den Vater lieben und die Mutter hassen. So gibt es für diese Zeit eine tiefe Lehre.፧
»O Sohn edler Familie, tauchen derart Leidenschaft und Aggression auf, dann meditiere folgendermaßen: ›Weh! Ich bin ein Wesen mit solch schlechtem Karma, daß ich dergestalt bis jetzt im Samsāra gewandert bin durch das Festhalten an Leidenschaft und Aggression. Wenn ich weiterhin derart Leidenschaft und Aggression verspüre, werde ich endlos im Samsāra wandern und für lange Zeit in die Tiefen eines Ozeans von Leid versinken; so will ich jetzt kein bißchen Leidenschaft und Aggression verspüren. Ja! Von nun an will ich niemals mehr Leidenschaft und Aggression fühlen.‹ Indem du deinen Geist ganz und gar auf diesen Gedanken sammelst, wird das, nach der Lehre der Tantras, von selbst den Schoß-Eingang verschließen. O Sohn edler Familie, sei unbeirrt; sammele deinen Geist ganz und gar.፧

»Sollte jedoch, selbst nachdem du dies getan hast, der Schoß-Eingang noch nicht verschlossen sein, und du bist im Begriff, in einen Mutterschoß einzutreten, dann sollte er durch die Lehre über die unwirkliche und trügerische Natur aller Dinge geschlossen werden.⸽

»Meditiere folgendermaßen: ›Siehe! Der Vater und die Mutter, der große Sturm, der Wirbelwind, der Donner, die erschreckenden Projektionen und all diese auftauchenden Phänomene sind ihrer Natur nach trügerisch. Wie sie auch erscheinen, sie sind nicht wirklich. Jeder Stoff ist trügerisch und unwirklich. Sie sind wie ein Phantom, sie sind nicht beständig, sie sind nicht unveränderlich. Was soll mir Begierde? Was soll mir Furcht? Heißt das doch, das Nicht-Existente für existent zu halten. All das sind Projektionen meines Geistes, und da der Geist selbst von Anbeginn illusorisch und nichtexistent ist, woher sollten sie derart auftauchen? Dies habe ich bisher nicht so verstanden, und deshalb habe ich das Nichtexistente für existent gehalten, das Unwahre für wahr, die Illusion für Wirklichkeit; darum wanderte ich so lange im Samsāra. Und wenn ich nicht erkenne, daß sie Illusionen sind, werde ich weiterhin für lange Zeit im Samsāra wandern und sicherlich in den schlammigen Sumpf des Leidens stürzen. Doch sie sind alle wie Träume, wie Illusionen, wie Echos, die Städte der Gandharvas, wie Phantome, wie Trugbilder, wie optische Täuschungen, wie der Mond im Wasser; sie sind nicht wirklich, auch nicht für einen Augenblick. Gewiß sind sie nicht wahr, sondern trügerisch!‹⸽

»Sammelst du dich ganz und gar auf diese Überzeugung, so wird der Glaube an ihre Wirklichkeit zerstört, und wenn man innerlich derart überzeugt ist, wirkt man dem Glauben an ein Selbst entgegen. Begreifst du die Unwirklichkeit derart aus tiefstem Herzen, dann wird der Schoß-Eingang sicherlich verschlossen.⸽

»Ist jedoch, selbst nachdem du dies getan hast, der Glaube an die Wirklichkeit nicht zerstört, der Schoß-Eingang ist nicht verschlossen und du bist im Begriff, in einen Mutterschoß einzugehen, so gibt es eine tiefe Lehre.⸽

»O Sohn edler Familie, ist selbst, nachdem du dies getan hast, der Schoß-Eingang nicht verschlossen, sollte er jetzt durch die fünfte Methode verschlossen werden, die Meditation über den Glanz, die folgendermaßen ausgeführt werden sollte: ›Alle Stoffe sind mein eigener Geist, und dieser Geist ist Leere, ungeboren und ungehindert.‹ Halte deinen Geist, indem du dies denkst, natürlich und unvermischt, in seinem eigenen Wesen ruhend, wie Wasser, das in Wasser gegossen ist, ganz so wie er ist, gelöst, offen und entspannt. Indem du ihn natürlich und ungespannt verharren läßt, gehst du sicher, daß der Schoß-Eingang zu allen vier Arten der Geburt ganz gewiß verschlossen wird.«⁝

Viele wahre und tiefe Unterweisungen zum Schließen des Schoß-Einganges wurden oben gegeben; es ist unmöglich für jemanden von hoher, durchschnittlicher oder geringer Begabung, wie die seine auch sein mag, durch sie nicht befreit zu werden. Wie kommt das? Erstens, weil das Bewußtsein im Bardo-Zustand übernatürliche Wahrnehmungsfähigkeit für die Dinge der Welt besitzt, so daß er hören kann, was ich sage; zweitens hat er, selbst wenn er taub und blind war, nun vollständig alle Sinne, so daß er hören kann, was gesagt wird; drittens wird er, da er dauernd von Furcht überwältigt ist, sich unbeirrt fragen, was er tun kann, und so hört er auf das, was ich sage; und viertens geht das Bewußtsein, da es keine Stütze hat, direkt dorthin, wohin man die Gedanken richtet, und so ist es leicht zu führen. Der Geist ist neunmal so klar; also selbst wenn er dumm ist, wird zu dieser Zeit der Geist durch die Macht des Karma so klar, daß er über alles meditieren kann, was gelehrt wird; wesentliche Punkte wie diese sind der Grund. Aus dem gleichen Grund ist es auch segensreich, die Totenrituale durchzuführen.⁝

Es ist also äußerst wichtig, mit dem Lesen dieser »Großen Befreiung durch Hören« bis zu neun Tage lang fortzufahren. Selbst wenn er während eines Weisens nicht befreit wird, wird er beim nächsten Befreiung erlangen. Das ist der Grund, warum das Weisen nicht nur einmal, sondern viele Male nötig ist.⁝

Selbst dann gibt es viele Arten von Menschen, die nicht gewöhnt waren, Gutes zu tun, sondern von Anfang an äußerst geschickt waren im Begehen von bösen Taten. Durch die Macht vieler neurotischer Schleier werden sie nicht befreit, obwohl sie gewiesen wurden und man ihnen die oben erwähnten Meditationsübungen viele Male gegeben hat. So wird nun, wenn der Schoß-Eingang zuvor nicht geschlossen wurde, eine tiefe Lehre zur Wahl des Schoß-Einganges vermittelt. Man rufe die Buddhas und Bodhisattvas um Beistand an und wiederhole die ›Zuflucht‹[18], rufe dann den toten Menschen dreimal beim Namen und spreche diese Worte:⸽

»O Sohn edler Familie, (Name), der du tot bist, höre! Obwohl du durch die zuvor gegebenen Anweisungen so viele Male gewiesen wurdest, hast du nicht verstanden. So ist nun, da der Schoß-Eingang nicht verschlossen wurde, die Zeit gekommen, einen Körper anzunehmen. Es gibt nicht nur eine, sondern viele wahre und tiefe Anweisungen für deine Wahl des Schoß-Einganges, so verstehe und laß dich nicht ablenken. Höre gut zu, mit völliger Sammlung, und verstehe!⸽

»O Sohn edler Familie, nun werden die Zeichen und Merkmale des Kontinents, in dem du geboren werden sollst, erscheinen, also erkenne sie. Prüfe, wo du geboren werden sollst, und wähle den Kontinent.⸽

»Sollst du im östlichen Kontinent, Edler Körper, geboren werden, wirst du einen mit Schwanenpaaren geschmückten See sehen. Leiste Widerstand und gehe nicht dorthin. Obwohl er voller Glück ist, ist es ein Ort, wo der Dharma nicht gedeiht, so gehe dort nicht ein.⸽

»Sollst du im südlichen Kontinent, Rosenapfel-Eiland, geboren werden, wirst du bequeme, prächtige Wohnungen sehen. Wenn du kannst, solltest du dorthin eingehen.⸽

[18] Die Zufluchts-Formel, mit der man sich zum Buddha-Pfad bekennt:
Ich nehme Zuflucht zum Buddha
Ich nehme Zuflucht zum Dharma
Ich nehme Zuflucht zur Sangha

»Sollst du im westlichen Kontinent, Freude der Wunscherfüllenden Kühe, geboren werden, wirst du einen von Hengsten und Stuten umgebenen See sehen. Gehe dort nicht hin, sondern komme hierher zurück. Obwohl es große Freude dort gibt, ist es ein Ort, an dem der Dharma nicht gedeiht, also tritt dort nicht ein.⁝

»Sollst du im nördlichen Kontinent, Unangenehmer Klang, geboren werden, wirst du einen von Vieh umgebenen oder mit Bäumen geschmückten See sehen. Erkenne sie als Zeichen der nahenden Geburt und tritt dort nicht ein. Obwohl es dort langes Leben und Verdienste gibt, gedeiht der Dharma dort nicht; also gehe nicht dorthin ein.⁝

»Sollst du als Gott geboren werden, wirst du prächtige, mehrstöckige Tempel aus Juwelen sehen. Bist du bereit, dorthin einzugehen, dann tue es.⁝

»Sollst du als Eifersüchtiger Gott geboren werden, wirst du wunderbare Haine sehen, oder etwas, das wie kreisende Feuerräder aussieht. Gehe nicht dorthin ein, sondern leiste Widerstand.⁝

»Sollst du als Tier geboren werden, so wirst du wie durch einen Nebel Felshöhlen, Erdlöcher und Strohhütten sehen. Gehe nicht dorthin ein.⁝

»Sollst du als Hungriger Geist geboren werden, wirst du Baumstümpfe und schwarze emporragende Formen sehen, flache Höhlen und schwarze Flecke. Wenn du dorthin eingehst, wirst du als Hungriger Geist geboren und wirst viel Elend durch Hunger und Durst leiden, also gehe auf keinen Fall dorthin, sondern leiste mit großer Ausdauer Widerstand.⁝

»Sollst du als Höllenwesen geboren werden, wirst du die Gesänge jener mit schlechtem Karma hören, oder du wirst hilflos dort eingehen müssen, oder du wirst das Gefühl haben, in ein dunkles Land mit schwarzen und roten Häusern, schwarzen Gräben und schwarzen Straßen gelangt zu sein. Gehst du dorthin, so wirst du in die Hölle eingehen, und durch Hitze und Kälte unerträgliches Elend leiden, dem du niemals entfliehen kannst. So begib dich dort nicht hinein, tritt auf keinen

Fall ein, sondern hüte dich. Es heißt: ›Schließe den Schoß-Eingang und leiste Widerstand‹; das ist jetzt nötig.⸪

»O Sohn edler Familie, selbst wenn du nicht gehen willst, du hast keine Gewalt darüber und bist hilflos dazu verdammt. Von hinten verfolgen dich die Rächer des Karma, und von vorne zerren dich Furien und Henker. Dunkelheit, Orkane, heftige Stürme, Geräusche, Schnee und Regen, wütende Schnee- und Hagelstürme werden um dich herum wirbeln, und du wirst vor ihnen fliehen. Dann im Fliehen wirst du nach einer Zuflucht suchen, und du wirst Sicherheit finden in den prächtigen Häusern, die zuvor beschrieben wurden, oder in Felshöhlen oder Erdlöchern, unter Bäumen, im runden Kelch von Lotusblüten oder ähnlichem. Dort versteckt, wirst du dich fürchten, herauszukommen, und du wirst denken, ›Ich kann jetzt nicht hinausgehen‹, und durch die Angst vor dem Hinaustreten wirst du diesem Ort sehr verhaftet werden. Du fürchtest dich davor, den Schrecken des Bardo zu begegnen, sobald du hinausgehst, und wirst voller Entsetzen vor ihnen zurückweichen. Und so versteckst du dich drinnen und nimmst einen Körper an, wie elend er auch sein mag, und wirst großes Leid erfahren. Das ist ein Zeichen dafür, daß dich nun Dämone und böse Kräfte behindern, und für diese Zeit gibt es eine tiefe Lehre, also höre und verstehe.⸪

»Zu dieser Zeit des Schreckens, da du hilflos verfolgt wirst von den Rächern, solltest du dir unmittelbar mit deinem ganzen Geist den Erhabenen Höchsten Heruka oder Hayagrīva, oder Vajrapāni, oder deinen Yidam vorstellen, so du einen hast, mit mächtigem Körper und prallen Gliedern, in erschreckender, rasender Pose, die alle bösen Kräfte zu Staub zermalmt. Durch seine Erhabenheit und sein Erbarmen von den Rächern getrennt, wirst du die Macht haben, den Eingang in einen Mutterschoß zu wählen. Dies ist das wahre tiefe Geheimnis der Unterweisung, also verstehe es.⸪

»O Sohn edler Familie, die Götter der Meditation und ähnliche werden geboren durch die Macht des Samādhi. Eine große Gruppe böser Geister, wie die Hungrigen Geister und ähnliche, haben während des Bardo-Zustandes ihre geistige Haltung geändert, sind so in der Lage, in verschiedenen Phantomformen von Hungrigen Geistern und Dämonen zu erscheinen und werden schließlich in jenen Gedankenkörper selbst verwandelt. Die Hungrigen Geister, die in den Tiefen des Meeres hausen, und die Hungrigen Geister, die durch den Raum fliegen, und all die achtzigtausend Klassen schädlicher Mächte und ähnliche, haben jenen Gedankenkörper angenommen, indem sie ihre geistige Haltung änderten. Zu dieser Zeit ist es das Beste, über das Große Symbol der Leere zu meditieren, doch wenn du das nicht tun kannst, dann nimm teil am Spiel der Illusion. Vermagst du auch das nicht zu tun, dann halte wenigstens an nichts fest, sondern meditiere über den Yidam, den Herrn des Großen Erbarmens, und du wirst im Bardo-Zustand zu einem Sambhogakāya-Buddha.

»O Sohn edler Familie, mußt du durch die Macht des Karma derart in einen Mutterschoß eingehen, so wird nun die Anweisung zum Wählen des Einganges in einen Mutterschoß gelehrt. Höre! Gehe nicht in irgendeinen Schoß-Eingang, der gerade erscheint. Wenn die Rächer kommen, und es bleibt dir nichts übrig, als einzugehen, dann meditiere über Hayagrīva. Da du nun übernatürliche Wahrnehmungsfähigkeit besitzt, wirst du all die Orte der Reihe nach kennenlernen, also wähle sorgfältig. Es gibt zwei Anweisungen; zur Versetzung in ein reines Buddha-Reich und zum Wählen eines unreinen samsārischen Schoß-Einganges, also handele folgendermaßen:⸪

»Die Versetzung in das Reine Reich des Raumes, das der geläuterten Fähigkeiten, wird folgendermaßen herbeigeführt: ›O wie traurig ist es, daß ich selbst jetzt noch in diesem schlammigen Sumpf des Samsāra verbleibe, nach dieser langen Zeit von zahllosen Zeitaltern ohne Anfang und Ende, und daß ich nicht befreit bin, während so viele andere schon Buddhas geworden sind. Von diesem Augenblick an bin ich des Samsāra überdrüssig, ich verabscheue es, ich bin es satt. Jetzt ist die Zeit mein Entrinnen vorzubereiten, also muß ich eine spontane Geburt in einer Lotusblüte zu Füßen des Buddha Amitābha im westlichen Glückseligen Reich herbeiführen.‹ Sammele dich in diesem Gedanken mit aller Kraft auf das Glückselige Reich im Westen; sich so zu bemühen, ist höchst notwendig.⸪

»Oder aber, wenn du deine ganze Sammlung, mit aller Kraft und ohne irgendwie abzuschweifen, auf ein beliebiges Reich richtest, das Reine Reich, das der Vollkommenen Freude, das Dicht-Erfüllte, das Reich der Weidenblätter, den Palmbaum-Berg oder den Palast des Lotus-Lichts in Urgyan, so wirst du sofort in jenem Reich geboren. Oder wenn du die Gegenwart des Herrn Maitreya im Freudigen Reich suchen willst, dann sammele dich auf diesen Gedanken: ›In diesem Augenblick im Bardo-Zustand ist meine Zeit gekommen, die Gegenwart des Dharma Königs Maitreya im Freudigen Reich zu suchen, so will ich gehen,‹ und so wirst du spontan im Herzen eines Lotus in der Gegenwart des Maitreya geboren.⸪

»Vermagst du jedoch dieses nicht zu tun, und möchtest du in einen Mutterschoß eingehen oder merkst, daß du in einen Schoß eingehen mußt, so ist hier die Anweisung zur Wahl eines unreinen samsārischen Schoß-Einganges; also höre. Sieh dir wie zuvor mit deiner übernatürlichen Wahrnehmung den Kontinent an, den du wählen wirst, und gehe zu einem Ort ein, da der Dharma gedeiht. ⸗

»Sollst du spontan in einem stinkenden Dunghaufen geboren werden, so wirst du jene übelriechende Masse als süß-duftend wahrnehmen, du wirst dich dazu hingezogen fühlen und dort geboren werden. Also, was auch immer erscheint, traue ihm nicht, sondern begib dich aller Äußerungen des Verlangens und des Hasses und wähle einen Schoß-Eingang. ⸗

»Auch hier ist es besonders wichtig, sich folgendermaßen zu sammeln: ›Ich will zum Wohle aller Lebewesen als ein Weltherrscher geboren werden, oder als ein Brāhmana wie ein großer Sāla-Baum, oder als der Sohn eines Siddha, oder in einer Familie aus einer reinen Dharma-Linie, oder in einer Familie, wo Vater und Mutter gläubig sind; indem ich so einen verdienstvollen Körper annehme, der allen Lebewesen nützen kann, will ich Gutes tun.‹ Indem du dich auf diesen Gedanken sammelst, gehe in den Schoß ein. Zu dieser Zeit heilige den Schoß, in den du eingehst, als einen göttlichen Palast, und rufe die Buddhas, die Bodhisattvas der Zehn Richtungen und die Yidams, besonders den Herrn des Großen Erbarmens, an und gehe mit dem tiefen Verlangen des Strebens nach der Überlieferung in den Schoß ein. ⸗

»Es ist möglich, bei dieser Wahl des Einganges in einen Mutterschoß einen Fehler zu machen, indem man unter dem Einfluß des Karma einen guten Schoß-Eingang als schlecht, oder einen schlechten Schoß-Eingang als gut sieht. Darum ist auch hier der wesentliche Punkt der Unterweisung von größter Wichtigkeit, verhalte dich danach: selbst wenn ein Schoß-Eingang gut erscheint, traue ihm nicht, und selbst wenn er schlecht erscheint, weise ihn nicht zurück. Das wahre, tiefe, wesentliche Geheimnis besteht darin, in jenen Höchsten Zustand der Ausgewogenheit einzutreten, in dem es weder gut

noch schlecht, weder Annahme noch Zurückweisung, weder Leidenschaft noch Aggression gibt.«ஃ
Doch außer für die wenigen, die hierin geübt sind, ist es schwer, diese Krankheit der schlechten unbewußten Neigungen loszuwerden. Um ihn also davor zu bewahren, unter Sündern von geringster Begabung, den Niedrigsten der Niedrigen, tierähnlichen, Zuflucht zu suchen, sollte man, wenn er sich der Leidenschaft und Aggression derart nicht entledigen kann, den toten Menschen beim Namen rufen und diese Worte sprechen:ஃ
»O Sohn edler Familie, weißt du nicht, wie man einen Schoß-Eingang wählt, und kannst dich nicht von Leidenschaft und Aggression befreien, dann rufe, welche der oben genannten Erfahrungen auch eintreten mag, die Namen der Drei Juwelen an und nimm Zuflucht zu ihnen. Rufe zum Herrn des Großen Erbarmens. Gehe mit erhobenem Kopf weiter. Lasse vom Haften an und der Sehnsucht nach Verwandten und Freunden, Söhnen und Töchtern, die du zurückgelassen hast; sie können dir nicht helfen. Gehe nun in das blaue Licht der Menschenwesen oder das weiße Licht der Götter ein; gehe ein in die Juwelenpaläste und die Freudengärten.«ஃ
Man wiederhole dieses bis zu sieben Mal. Dann rufe man die Buddhas und Bodhisattvas an und lese »Das Bardo Gebet, das vor Furcht schützt«, die »Hauptverse des Bardo« und die »Errettung aus der gefährlichen Gratwanderung des Bardo« bis zu sieben Mal. Dann lese man die »Befreiung durch Tragen, welche die Skandhas spontan befreit« und die »Tägliche Übung, welche die unbewußten Neigungen spontan befreit«, laut und deutlich.ஃ
So führen, indem sie sich recht verhalten, die Yogins von höchster Erkenntnis das Ausschleudern des Bewußtseins im Bardo des Augenblickes vor dem Tod herbei; sie müssen nicht im Bardo-Zustand wandern, gehen daran vorbei und erlangen Befreiung. Von den Tieferstehenden werden einige geübte Menschen den Glanz der Dharmatā nach dem Bardo des Augenblickes vor dem Tod erkennen, vorbeigehen und

Buddhas werden. Die Tieferstehenden werden gemäß ihrer karmischen Voraussetzungen zur einen oder anderen Zeit befreit, während in den folgenden Wochen im Bardo der Dharmatā die Projektionen der friedlichen und rasenden Gottheiten erscheinen. Da es viele Stufen gibt, werden sie auf der ihnen gemäßen erkennen und Befreiung erlangen. ⁝
Aber jene, deren karmische Voraussetzungen schwach sind, und die viele neurotische Schleier und sehr schlechtes Karma haben, müssen weiterwandern, hinab in den Bardo des Werdens; da man sie jedoch viele Male weist, wie auf den Stufen einer Leiter, werden sie auf der einen oder anderen erkennen und befreit sein. Doch wenn jene, deren gute karmische Voraussetzungen besonders schwach sind, während des oben genannten Stadiums nicht erkennen, und von Furcht überwältigt werden, gibt es eine Reihe von Anweisungen, einmal um den Schoß-Eingang zu verschließen, zum anderen, um einen Schoß-Eingang zu wählen. So werden sie während der einen oder anderen erkennen und im Vertrauen auf den Gegenstand ihrer Meditation den höchsten Zustand grenzenloser Tugend erreichen. ⁝
Selbst die Geringsten der Geringen, welche den Tieren ähneln, entgehen den niederen Bereichen dank der Zuflucht; sie werden einen kostbaren menschlichen Körper annehmen, mit all den Freiheiten und günstigen Gelegenheiten, und in ihrem nächsten Leben einen heiligen Guru treffen, einen spirituellen Freund, so daß sie Unterweisung erhalten und befreit werden. ⁝
Erhält man diese Lehre während des Bardo des Werdens, so verlängert die Unterweisung das Wirken der guten karmischen Voraussetzungen, als lege man eine Röhre in eine zerborstene Wasserrinne. Es ist unmöglich, selbst für alle großen Sünder, nicht befreit zu werden, wenn sie diese Lehre hören. Wie kommt das? Weil während des Bardo sowohl die barmherzige Einladung der friedlichen und rasenden Buddhas und Gottheiten, als auch die Einladung der Versucher und negativen Mächte zusammen auftreten, so daß ihre geistige Haltung zu dieser Zeit beim bloßen Hören dieser Lehre beeinflußt

wird und sie Befreiung erlangen. Sie sind leicht zu beeinflussen, da der Gedankenkörper keine Grundlage aus Fleisch und Blut hat. Wie weit sie auch im Bardo-Zustand gewandert sind, sie sehen und hören mit subtiler karmischer übernatürlicher Wahrnehmungsfähigkeit und kommen herbei. Dies ist von großem Nutzen, denn dann verstehen sie, und ihr Geist ist augenblicklich beeinflußt. Es ist, als bediene man sich eines Katapults, oder wie bei einem riesigen Baumstamm, den hundert Männer nicht von der Stelle bewegen können, der jedoch, wenn er im Wasser liegt, im Nu überallhin gebracht werden kann. Es ist, als lenke man ein Pferd mit dem Zügel.⁝

Deshalb sollte man alle Gestorbenen ansprechen, und wenn der Leichnam vorhanden ist, sollte ein Freund diese Mahnung wieder und wieder lesen, bis Blut und eine weiße Ausscheidung aus den Nasenlöchern austritt. Während dieser Zeit sollte man den Leichnam in Ruhe lassen. Dabei ist folgendes zu beachten: man sollte keine Tiere opfern, um sie dem Gestorbenen darzubringen; in der Gegenwart des Leichnams sollten Freunde und Verwandte nicht weinen, klagen und Geräusche machen, das kann man woanders tun; aber so viele verdienstvolle Taten wie möglich sollte man tun.⁝

Genauso wie diese Lehre der »Großen Befreiung durch Hören« ist es sehr gut, jede der anderen Lehren, die als Anhang hinter dieser Unterweisung stehen, auch zu lesen. Man sollte diese immer wieder lesen und den Wortlaut und Sinn auswendig lernen; wenn dann der Tod gewiß ist, und man die Zeichen des Todes erkannt hat, sollte man dieses Buch, wenn es der eigene Zustand zuläßt, selbst laut lesen und darüber meditieren. Ist man nicht in der Lage, das zu tun, sollte man es einem Dharma-Bruder zum Vorlesen geben, denn diese Mahnung wird mit Sicherheit befreien, daran gibt es keinen Zweifel. Diese Lehre braucht keine Übung, es ist eine tiefe Unterweisung, die befreit, wenn man sie bloß sieht, hört und liest. Diese tiefe Unterweisung führt große Sünder auf den geheimen Pfad. Vergißt man ihre Worte und ihren Sinn nicht, selbst wenn man von sieben Hunden gejagt wird, dann befreit die Anweisung im Bardo des Augenblickes vor dem Tod.

Selbst wenn die Buddhas der Vergangenheit, Gegenwart und Zukunft danach suchen würden, könnten sie keine bessere Lehre als diese finden. ⁝

iti ⁝ 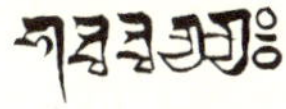

Die Bardo-Unterweisung welche Menschenwesen befreit, die tiefste, innerste Essenz, »Die Große Befreiung durch Hören«. Dieser Schatz wurde von dem Siddha Karma-Lingpa im Gampo-dar Berg gefunden. Möge er dem Dharma und allen Lebewesen nützen. ⁝

Sarvamangalam ⁝

Inspirations-Gebete

Diese »Inspirationsgebete« stammen aus der Sammlung von Terma-Texten, die mit dem Bardo Thödol verbunden sind. Sie werden alle als Andachtsübungen im Bardo Thödol selbst erwähnt, und einige Verse daraus werden als Teil der Unterweisung des gestorbenen Menschen zitiert. Das Wort, das oft einfach als ›Gebet‹ übersetzt wird, heißt wörtlich »Wunsch-Pfad« (tibetisch: smon-lam). Es ist keine Bitte an eine äußere Gottheit, sondern eine Methode der Läuterung und Führung des Geistes. Es wirkt als Inspiration, indem es den inhärenten Drang des Geistes zum Guten weckt, was die Erfüllung seines Strebens heranzieht.

Inspirationsgebet in Anrufung der Buddhas und Bodhisattvas um Errettung

Ist man dem Tode nahe, rufe man immer die Buddhas und Bodhisattvas um Errettung an. Man bringe den Drei Juwelen materielle und geistige Opfer dar und spreche, duftendes Räucherwerk in der Hand haltend, diese Worte mit der ganzen Kraft der Sammlung:

O ihr Buddhas und Bodhisattvas, die ihr in den Zehn Richtungen wohnt, barmherzig, allwissend, mit den fünf Arten von Augen, liebende Beschützer aller Lebewesen, kommt durch die Macht des Erbarmens an diesen Ort und empfangt meine materiellen und geistigen Opfergaben.
O ihr Erbarmenden, ihr besitzt erkennende Weisheit, liebendes Erbarmen, wirksames Handeln und beschützende Macht über jegliche Vorstellungskraft. O ihr Erbarmenden, dieser Mensch, (Name), geht aus dieser Welt zum anderen Ufer, er verläßt diese Welt, es bleibt ihm nichts als zu sterben, er hat keine Freunde, er leidet sehr, er hat keine Zuflucht, er hat keinen Beschützer, er hat keine Verbündeten, das Licht dieses Lebens ist ihm untergegangen, er geht in eine andere Welt, er tritt in dichte Dunkelheit, er stürzt in einen tiefen Abgrund, er betritt einen dichten Wald, er ist von der Macht des Karma verfolgt, er geht in öde Wildnis, er wird von einem riesigen Ozean davongespült, er wird getrieben vom Wind des Karma, er geht hin, wo es keinen festen Boden gibt, er zieht in eine große Schlacht, er wird heimgesucht vom großen bösen Geist, er wird erschreckt von den Boten des Herrn des Todes, er geht ob seines Karma in Existenz nach Existenz ein, er ist hilflos, die Zeit ist gekommen, da er hingehen muß ohne einen Freund.

O ihr Erbarmenden, seid ihm Zuflucht, (Name), ihm, der keine Zuflucht hat, beschützt ihn, verteidigt ihn, bewahrt ihn vor der großen Dunkelheit des Bardo, führt ihn vorbei am großen Wirbelsturm des Bardo, schützt ihn vor der großen Furcht des Herrn des Todes, erlöst ihn von der langen und gefährlichen Gratwanderung des Bardo. O ihr Erbarmenden, laßt es nicht an euerm Erbarmen mangeln, rettet ihn, laßt ihn nicht in die drei niederen Bereiche absteigen, vergeßt euere früheren Gelübde nicht, sondern sendet ihm schnell die Macht eures Erbarmens.⁝

O ihr Buddhas und Bodhisattvas, laßt es nicht an euerm Erbarmen und den wirksamen Mitteln für ihn, (Name), mangeln, ergreift ihn mit euerm Erbarmen, laßt ein Lebewesen nicht der Macht des schlechten Karma verfallen.⁝

Mögen die Drei Juwelen eine Zuflucht vor dem Leid im Bardo sein.⁝

Dies spreche man selbst und alle anderen mit tiefer Hingabe. Dann lese man »Die Befreiung durch das Hören«, die »Errettung von der gefährlichen Gratwanderung des Bardo«, und das »Bardo Gebet, das vor Furcht schützt«.⁝

Die Hauptverse der sechs Bardos

So mir nun der Bardo der Geburt aufgeht,
Will ich die Trägheit, für die das Leben keine Zeit hat, aufgeben,
Will unbeirrt den Pfad von Lernen, Nachdenken und Meditation betreten,
Die Projektionen machen und auf den Pfad achten, und so die drei Kāyas verwirklichen;
Da ich nun einmal einen Menschenkörper angenommen habe,
Bleibt dem Geist auf diesem Pfade keine Zeit zu wandern. ⁝

So mir nun der Bardo der Träume aufgeht,
Will ich den leichengleichen Schlaf achtloser Unbewußtheit aufgeben,
Und meine Gedanken in ihren natürlichen Zustand ohne Ablenkungen übergehen lassen;
Die Träume kontrollierend und in den Glanz verwandelnd,
Will ich nicht schlafen wie ein Tier,
Sondern will Schlaf und Übung ganz einswerden lassen. ⁝

So mir nun der Bardo der Samādhi-Meditation aufgeht,
Will ich die Masse von Zerstreuungen und von Verblendungen aufgeben,
Und in dem grenzenlosen Zustand ohne Festhalten und jegliche Verwirrung ruhen,
Gefestigt in den beiden Übungen: der Vorstellung und der Vollkommenen,
Zu dieser Zeit der Meditation, gesammelt und völlig absichtslos,
Will ich der Macht verblendeter Gefühle nicht verfallen. ⁝

So mir nun der Bardo des Augenblickes vor dem Tod aufgeht,
Will ich alles Ergreifen, Sehnen und Festhalten aufgeben,
Will unbeirrt in die klare Bewußtheit der Lehre eingehen
Und mein Bewußtsein in den Raum des ungeborenen Geistes ausschleudern;
Diesen zusammengesetzten Körper von Fleisch und Blut verlassend,
Will ich ihn als eine vergängliche Illusion erkennen.꞉

So mir nun der Bardo der Dharmatā aufgeht,
Will ich alle Gedanken von Furcht und Schrecken aufgeben,
Will alles, was erscheint, als meine Projektion erkennen,
Und wissen, daß es eine Vision des Bardo ist;
Nun, angelangt an diesem Wendepunkt,
Will ich die Friedlichen und Rasenden, meine eigenen Projektionen, nicht fürchten.꞉

So mir nun der Bardo des Werdens aufgeht,
Will ich meinen Geist vollkommen sammeln,
Und mich bemühn, das Wirken guten Karmas zu verlängern,
Den Schoß-Eingang verschließen und Widerstand leisten;
Dies ist die Zeit, da Ausdauer und reines Denken unerläßlich sind,
Gib auf die Eifersucht und meditiere über den Guru mit seiner Gefährtin.꞉

Mit abwesendem Geist, nicht an das Nahen des Todes denkend,
In solch sinnlosem Tun befangen,
Zurückzukehren mit leeren Händen wäre jetzt völlige Verblendung;
Was not tut, ist, den heiligen Dharma zu erkennen,
Also, warum den Dharma nicht in diesem Augenblick üben?
Aus dem Mund der Siddhas kommen diese Worte:
Bewahrst du deines Guru Lehren nicht im Herzen,
Wirst du dich dann nicht selbst betrügen?꞉

Inspirationsgebet zur Errettung von der gefährlichen Gratwanderung des Bardo

Verehrung den Gurus, Yidams und Dākinīs,
Mit ihrer großen Liebe mögen sie uns auf den Pfad führen. ༔

So ich ob Verblendung wandere im Samsāra,
Auf unbeirrtem Lichtpfad von Lernen, Nachdenken und Meditation,
Mögen die Gurus der heiligen Linie mir voranschreiten,
Ihre Gefährtinnen, die Heerscharen der Dākinīs, im Rücken;
O steht mir bei auf der gefährlichen Gratwanderung des Bardo,
Geleitet mich zur vollkommenen Buddhaschaft. ༔

So ich ob großen Unverstandes wandere im Samsāra,
Auf glänzendem Lichtpfad der Dharmadhātu-Weisheit,
Schreite mir der Erhabene Vairocana voran,
Seine Gefährtin, Königin des Vajra-Raums, im Rücken;
O steht mir bei auf der gefährlichen Gratwanderung des Bardo,
Geleitet mich zur vollkommenen Buddhaschaft.

So ich ob heftiger Aggression wandere im Samsāra,
Auf glänzendem Lichtpfad der Spiegelgleichen Weisheit,
Schreite mir der Erhabene Vajrasattva voran,
Seine Gefährtin, Buddha-Locanā, im Rücken;
O steht mir bei auf der gefährlichen Gratwanderung des Bardo,
Geleitet mich zur vollkommenen Buddhaschaft. ༔

So ich ob übermäßigem Stolz wandere im Samsāra,
Auf glänzendem Lichtpfad der Gleichheits-Weisheit,
Schreite mir der Erhabene Ratnasambhava voran,
Seine Gefährtin Māmakī im Rücken;
O steht mir bei auf der gefährlichen Gratwanderung des Bardo,
Geleitet mich zur vollkommenen Buddhaschaft.:

So ich ob brennender Begierde wandere im Samsāra,
Auf glänzendem Lichtpfad der Unterscheidenden Weisheit,
Schreite mir der Erhabene Amitābha voran,
Seine Gefährtin Pāndaravāsinī im Rücken;
O steht mir bei auf der gefährlichen Gratwanderung des Bardo,
Geleitet mich zur vollkommenen Buddhaschaft.:

So ich ob bohrendem Neid wandere im Samsāra,
Auf glänzendem Lichtpfad der Allesvollendenden Weisheit,
Schreite mir der Erhabene Amoghasiddhi voran,
Seine Gefährtin Samaya-Tārā im Rücken;
O steht mir bei auf der gefährlichen Gratwanderung des Bardo,
Geleitet mich zur vollkommenen Buddhaschaft.:

So ich ob starker unbewußter Neigungen wandere im Samsāra,
Auf glänzendem Lichtpfad der Eingeborenen Weisheit,
Mögen mir die Vidyādhara-Krieger voranschreiten,
Ihre Gefährtinnen, die Heerscharen der Dākinīs im Rücken;
O steht mir bei auf der gefährlichen Gratwanderung des Bardo,
Geleitet mich zur vollkommenen Buddhaschaft.:

So ich ob heftiger verwirrter Projektionen wandere im Samsāra,

Auf dem Lichtpfad der Befreiung von aller Furcht,
Mögen mir die Erhabenen, Friedliche und Rasende, voranschreiten,
Die Heerscharen der Dākinīs, Königinnen des Raumes, im Rücken;
O steht mir bei auf der gefährlichen Gratwanderung des Bardo,
Geleitet mich zur vollkommenen Buddhaschaft.༔

Mögen die Elemente des Raumes nicht als Feind aufstehen,
Möge ich das Reich des Blauen Buddha schauen.
Möge das Element des Wassers nicht als Feind aufstehen,
Möge ich das Reich des Weißen Buddha schauen.
Möge das Element der Erde nicht als Feind aufstehen,
Möge ich das Reich des Gelben Buddha schauen.
Möge das Element des Feuers nicht als Feind aufstehen,
Möge ich das Reich des Roten Buddha schauen.
Möge das Element der Luft nicht als Feind aufstehen,
Möge ich das Reich des Grünen Buddha schauen.
Mögen die Regenbogenelemente nicht als Feinde aufstehen,
Möge ich die Reiche all der Buddhas schauen.
Mögen die Klänge, Lichter und Strahlen nicht als Feinde aufstehen,
Möge ich die unendlichen Reiche der Friedlichen und Rasenden schauen.
Möge ich alle Klänge als meinen eigenen Klang erkennen,
Möge ich alle Lichter als mein eigenes Licht erkennen,
Möge ich alle Strahlen als meinen eigenen Strahl erkennen.
Möge ich spontan den Bardo als mich selbst erkennen,
Möge ich die Reiche der Drei Kāyas erlangen.༔

Das Bardo Gebet, das vor Furcht schützt

So die Reise meines Lebens nun beendet ist,
Und da keine Verwandten mit mir aus dieser Welt dahingehen,
Wandere ich einsam im Bardo-Zustand;
Mögen die friedlichen und rasenden Buddhas die Macht ihres Erbarmens aussenden,
Und die dichte Dunkelheit des Unverstands ausräumen.༔

So ich getrennt von den geliebten Freunden einsam wandere,
Und die leeren Formen meiner eigenen Projektionen mir erscheinen,
Mögen die Buddhas die Macht ihres Erbarmens aussenden,
Damit die Schrecken des Bardo nicht auftreten.༔

So die fünf glänzenden Weisheitslichter strahlen,
Möge ich furchtlos mich selbst erkennen;
So die Formen der Friedlichen und Rasenden erscheinen,
Möge ich furchtlos und vertrauensvoll den Bardo erkennen.༔

So ich leide ob der Macht des üblen Karma,
Mögen die friedlichen und rasenden Buddhas das Leid ausräumen;
So der Klang des Dharmatā wie tausend Donnerschläge grollt,
Möge er verwandelt werden in den Klang der Mahāyāna-Lehre.༔

So ich meinem Karma folge, ohne Zuflucht,
Mögen die friedlichen und rasenden Buddhas mir Zuflucht sein;
So ich das Karma unbewußter Neigungen erleide,
Möge mir der Samādhi von Glückseligkeit und Glanz aufgehen. ༔

Im Augenblick der spontanen Geburt im Bardo des Werdens,
Mögen die falschen Lehren der Versucher nicht aufstehen;
So ich durch übernatürliche Macht an jeden Ort meines Wunsches gelange,
Möge der Wahn des Schreckens üblen Karmas nicht entstehn. ༔

So die wilden Raubtiere brüllen,
Möge es zum Klang des Dharma, der Sechs Silben werden;
So ich von Schnee, Regen, Wind und Dunkelheit verfolgt werde,
Möge ich das klare, göttliche Weisheitsauge erlangen. ༔

Mögen alle Lebewesen des gleichen Bereichs im Bardo,
Frei von Eifersucht, in einem höheren Zustand geboren werden;
So die Leidenschaften großen Durst und Hunger verursachen,
Mögen die Qualen von Hunger und Durst, Hitze und Kälte nicht entstehen. ༔

So ich meine künftigen Eltern in der Vereinigung sehe,
Möge ich die friedlichen und rasenden Buddhas mit ihren Gefährtinnen sehen;
Mit der Macht meinen Geburtsort zu wählen, möge ich zum Wohle anderer,
Einen vollkommenen Körper, geschmückt von den verheißungsvollen Zeichen, empfangen. ༔

Indem ich so für mich einen vollkommenen Menschenkörper erlange,
Mögen alle, die mich sehen und hören, sofort befreit werden;
Möge ich nicht all meinem üblen Karma folgen,
Sondern allen Verdiensten, die ich habe, nachfolgen und sie erweitern. ༔

Wo immer ich geboren werde, möge ich an jenem Ort,
Dem Yidam dieses Lebens von Angesicht zu Angesicht begegnen;
Möge ich von Geburt an gehen und sprechen können,
Und die Macht des Nichtvergessens und der Erinnerung an frühere Leben erlangen. ༔

Auf allen Stufen des Lernens, hohen, mittleren und niederen,
Möge ich durch bloßes Hören, Denken und Sehen verstehen;
Wo immer ich geboren werde, möge das Land gesegnet sein,
So daß alle lebenden Wesen glücklich sein können. ༔

O friedliche und rasende Buddhas, mögen ich und andere
So werden wie Ihr selbst, genau wie Ihr,
Mit Eurer Form und Eueren verheißungsvollen Merkmalen,
Eurem Gefolge, Eurem langen Leben und Euren Reichen. ༔

Samantabhadra, die Friedlichen und Rasenden, unendliches Erbarmen,
Die Macht der Wahrheit der reinen Dharmatā,
Und die Jünger des Tantra in gesammelter Meditation:
Möge ihr Segen dieses Inspirationsgebet erfüllen. ༔

Anhang

Aussprache der Sanskritwörter

Vokale

Die Vokale werden ausgesprochen wie im Deutschen. Es gibt jedoch eine Unterscheidung zwischen kurzen und langen Vokalen. Ein Strich über einem Vokal zeigt seine Längung an:

Kurzes a wie in Nacht, aber langes ā wie in Abend.
Kurzes i wie in Tisch, aber langes ī wie ›ie‹ in Liebe.
Kurzes u wie in Turm, aber langes ū wie in Grube.

Die folgenden Vokale sind immer lang:

e wie in Demut.
o wie in Rose.

Die Vokalkombinationen ai wie in Laib, und au wie in Raum.

Konsonanten

c gesprochen wie ›tsch‹ in Tschechoslowakei.
ṅ wird im Rachen ausgesprochen, wie in Drang.
ñ wie n in Sand, vor einem Vokal jedoch wie nj in Sonja.
ś und ṡ wie sch in Schirm.
v nach einem Konsonanten wie w gesprochen.
h wird immer einzeln ausgesprochen, wenn es einem Konsonanten folgt, also ch = tsch – h; ph = p – h; th = t – h usw.

Glossarium der Sanskritwörter

Amrta: das Elixier der Unsterblichkeit oder des spirituellen Lebens.

Avadhūti oder Dhūti: der zentrale Kanal der Lebensenergie *(Prāna)* im menschlichen Körper.

Bodhisattva: ein zukünftiger Buddha, der gelobt hat, zum Wohle aller Lebewesen zu wirken, anstatt den Zustand der Erleuchtung nur für sich allein zu genießen. Die göttlichen Bodhisattvas repräsentieren die Aktivität des erleuchteten Geistes im Leben.

Brāhmana: Mitglied der höchsten Hindu-Kaste.

Brahmarandhra: die Öffnung des Brahman: eine Öffnung in der Schädeldecke am oberen Ende des zentralen Kanals der Lebensenergie, durch die das Bewußtsein nach dem Tode austreten sollte, um Befreiung erlangen zu können.

Buddha: der Erwachte, der Erleuchtete. Das Wort Buddha kann sich auf die göttlichen Buddhas beziehen, die Aspekte des Prinzips der Erleuchtung sind, auf ein erleuchtetes Wesen oder insbesondere auf Gautama Buddha, den historischen Buddha. Auch der Name einer der fünf Familien (siehe Einleitung S. 17 und Kommentar S. 38–49).

Dākinī: das weibliche Energie-Prinzip, das mit Wissen und Intelligenz engverbunden ist. Es kann sowohl destruktiv als auch kreativ sein.

Dharma: Wahrheit, Religion, Gesetz. In der Mehrzahl werden damit die fundamentalen Elemente oder Wirklichkeiten bezeichnet.

Dharmadhātu: Dhātu heißt Raum, Sphäre, Bereich. Dharmadhātu bezeichnet die Vorstellung der allumfassenden Matrix, in der alle Phänomene entstehen und vergehen.

Dharmakāya: der ›Körper der Wahrheit‹, das absolute Buddha-Wesen. (siehe: *Kāya)*

Dharmatā: die Gesamtheit der fundamentalen Elemente, die Essenz der Wirklichkeit.

Dhūti: (siehe: *Avadhūti*).

Gandharva: die Musiker der Götter, mit den Geistesregungen verbunden. ›Stadt der Gandharvas‹ ist ein Ausdruck für eine Illusion, ein Trugbild.

Garuda: mythischer Vogel, halb Mensch und halb Adler. Er repräsentiert das Vertrauen und die Kraft des Yogin und verschlingt die Schlangen der giftigen Emotionen. Der *Shang-Shang* (Tibetisch) ist ein besondere Art von Garuda, der während seines Fluges mit einem paar Schellen musiziert.

Gaurī: Name einer Göttin, ›Die Weiße‹, und einer Gruppe von acht Göttinnen, die sie anführt. Sie erscheinen am zwölften Tag des Bardo. (siehe: Kommentar S. 54–55)

Guru: religiöser Lehrer, auch der ›spirituelller Freund‹ genannt.

Heruka: das männliche Energie-Prinzip in einer rasenden Manifestation. (siehe: Kommentar S. 52–54)

Karma: Tun, Wirken. Eine der fünf Familien (siehe: Einleitung S. 17 und Kommentar S. 46–49). Die Doktrin, daß jedes Tun eine unvermeidliche Folge nach sich zieht. Das Gesetz von Ursache und Wirkung.

Kāya: Körper – in einem abstrakten Sinn in der Vorstellung der Drei Kāyas gebraucht. Der erste, Dharmakāya, ist der Körper des Dharma oder der Wahrheit, das absolute Buddha-Wesen. Der zweite, Sambhogakāya, ist der Körper der Freude, jener Aspekt des Buddha-Wesens, der den Dharma vermittelt und in der Form der friedlichen und rasenden Gottheiten erscheint. Der dritte, Nirmānakāya, ist der Körper der Schöpfung, in dem sich das Buddha-Wesen auf der Erde manifestiert. Diese drei umfassend und transzendierend ist ein vierter, der Svabhāvikakāya, der Essentielle Körper des Allem Innewohnenden Wesens.

Mandala: die Anordnung der Gottheiten oder ihrer Embleme, gewöhnlich in der

Form eines Kreises, von einem Zentrum emanierend, welche eine bestimmte Verteilung von Energien darstellt.

Mantra: Formel von Sanskritwörtern oder Silben, die im Klang das Wesen einer bestimmten Gottheit, Eigenschaft oder Macht ausdrückt.

Meru: ein goldener Berg im Zentrum des Universums, von den vier Kontinenten umgeben. Das Zentrum des kosmischen Mandala.

Nādī: Kanal der Lebensenergie *(Prāna)* im menschlichen Körper. Das System der Nādīs ist das Muster der Reaktionen auf die Wirklichkeit.

Nirmānakāya: der ›Körper der Schöpfung‹, die Form, in der sich der Buddha und andere erleuchtete Wesen auf der Erde manifestieren. (siehe: *Kāya*).

Padma: Lotus. Eine der Fünf Familien. (siehe: Einleitung S. 17 und Kommentar S. 44–46).

Piśācī: eine Gruppe von Göttinnen mit Tierköpfen. Sie erscheinen am zwölften Tag des Bardo.

Prāna: Energie oder Lebenskraft, Träger von Geist und Bewußtsein.

Ratna: Juwel. Eine der fünf Familien. (siehe: Einleitung S. 17 und Kommentar S. 43–44).

Sādhana: ein Text, der die bildliche Vorstellung und Verehrung einer Gottheit beschreibt. Auch die spirituelle Übung selbst.

Samādhi: Meditation in der die Unterscheidung von Subjekt und Objekt verschwindet.

Samaya: das heilige Gelübde, das den tantrischen Yogin an seine Übung bindet.

Sambhogakāya: der ›Körper der Freude‹. Der visionäre und kommunikative Aspekt des Buddha-Wesens. (siehe: *Kāya*).

Samsāra: der Kreislauf der Existenz, der auf Unwissen gründet, vom Leid charakterisiert.

Sangha: die Gemeinde jener, die das Dharma üben.

Siddha: ein Yogin, der spirituelle Verwirklichung und übernatürliche Kräfte *(Siddhi)* erreicht hat.

Skandha: die fünf psychologischen Komponenten der menschlichen Persönlichkeit. (siehe: Einleitung S. 15–16).

Stūpa: kuppelförmige Monumente, die Reliquien oder religiöse Texte enthalten.

Sūtra: eine Predigt des Buddha über Meditation und Philosophie.

Svabhāvikakāya: der Essentielle Körper des Allem Innewohnenden Wesens.

Tantra: eine Abhandlung, die die Lehren einer bestimmten spirituellen Praxis enthält, die sich mit der Umwandlung von Energie befaßt. Auch die Methode selbst. Nur die grundlegenden Haupttexte werden Tantras genannt. Es gibt jedoch viele verwandte Texte, einschließlich des Bardo Thödol, die als tantrisch bezeichnet werden können.

Tathāgata: synonym mit Buddha. Insbesondere für die fünf Sambhogakāya-Buddhas benutzt. (siehe: Einleitung S. 16).

Vajra: ein tantrisches Ritualobjekt. Es besteht aus einem kugelförmigen Zentrum, aus dem ein Paar gekrümmter Zacken, gewöhnlich fünf oder neun an Zahl, ausstrahlen. Vajra bedeutet Donnerkeil oder Demant. Er symbolisiert alle ihrer Eigenschaften: Macht, Unzerstörbarkeit, Reinheit und Überlegenheit. Auch der Name einer der fünf Familien. (siehe: Einleitung S. 17 und Kommentar S. 41–43).

Vidyādhara: Besitzer von Wissen oder Einsicht (auch ›Wissenshalter‹ übersetzt): die Energie von Erforschung und Kommunikation. (siehe: Kommentar S. 51).

Yoga: eine psycho-physische Methode der spirituellen Entwicklung, die sich mit der Lenkung von Energie und Bewußtsein befaßt.

Yogin: ein den Yoga Übender.

Yoginī: eine weibliche Übende des Yoga. Hier nur für eine Gruppe von Göttinnen benutzt, die am zwölften Tag des Bardo erscheinen.

Abbildungsverzeichnis

Seite 60 *Samantabhadra Yantra*

Dies ist eines der in Tibet als »Tagdrol« bekannten Yantras. Tagdrol heißt ›durch Tragen befreit‹. Tragen ist eine der Sechs Befreiungen, neben der Befreiung durch Hören, Sehen, Erinnern, Berühren und Schmecken. Dieses Yantra wird auf den Körper des Gestorbenen gelegt, um ihn im Bardo der Dharmatā zu inspirieren. Die zentrale Figur ist Samantabhadra, der Erhabenen Dharmakāya-Buddha, der die Dharmatā repräsentiert. Er ist von den Mandalas der friedlichen Gottheiten, der Vidyādharas und der rasenden Gottheiten umgeben, die hier von ihren Mantras repräsentiert werden. Im äußersten Kreis finden sich die Mantras der Buddhas der Sechs Bereiche.

Seite 72 *Vairocana*

Vairocana in Umarmung mit seiner Gefährtin Ākāśadhāteśvarī, der ›Königin des Vajra-Raumes‹. In der Linken hält er sein Emblem, das Achtspeichige Rad, in der Rechten eine Glocke.

Seite 74 *Akśobhya*

Vajrasattva-Akśobhya in Umarmung mit seiner Gefährtin Buddha-Locanā. Er hält sein Emblem, den Vajra, in der Linken, eine Glocke in der Rechten.

Seite 76 *Ratnasambhava*

Ratnasambhava in Umarmung mit seiner Gefährtin Māmakī, sein Emblem, das wunscherfüllende Juwel, in der linken Hand und eine Glocke in der Rechten haltend.

Seite 78 *Amitābha*

Amitābha in Umarmung mit seiner Gefährtin

Pandaravāsinī. Sein Emblem, eine Lotusblüte, trägt er in einer Schale in der linken Hand, eine Glocke in der Rechten.

Seite 81 *Amoghasiddhi*
Amoghasiddhi in Umarmung mit seiner Gefährtin Samaya-Tārā. Sein Emblem ist der Doppelvajra, oder auch das ›heilige Schwert des Nordens‹, das er auf dieser Abbildung in der linken Hand trägt. Die Rechte hält eine Glocke.

Seite 93 *Rasende Gottheit*

Seite 112 *Avalokiteśvara*
Avalokiteśvara, der Herr des Großen Erbarmens. ›Er, der alle Richtungen sieht‹ ist das Urbild des Bodhisattva. Avalokiteśvara wird oft mit sechzehn Köpfen, acht, sechzehn oder ›tausend‹ Armen dargestellt, die er alle einsetzt, um zum Wohle der Lebewesen zu wirken.

Seite 135 *Vajrapāni*
Vajrapāni, der Bodhisattva der Energie, in einer rasenden Manifestation.

Seite 142 *Doppelvajra*
Der Doppelvajra, Emblem des Amoghasiddhi und Symbol der ›Allesvollendenden Weisheit‹.

Seite 154 *Pernagchen*
Pernagchen, der ›Schwarzgekleidete‹, ist der besondere Beschützer des Karma Kagyü Ordens des tibetischen Buddhismus. Die Karma Kagyüs übernahmen Pernagchen von der Familie der Karma Pakshi des zweiten Gyalwa Karmapa, dessen Vater ein tantrischer Priester war. Pernagchen, dessen halber Körper aus Kopf und dessen

halber Kopf aus Mund besteht, ist den Trägern der Karma Kagyü Tradition wiederholt in Visionen erschienen. Sein sichelförmiges Messer vernichtet die Schänder der Lehre. Sein Schädelbecher enthält Reichtum – sowohl spirituellen als auch materiellen – für all jene, die die Lehre praktizieren.

Register

Weitere Titel zu tibetischen Kultur

Yeshi Donden

Gesundheit durch Harmonie

Einführung in die tibetische Medizin. Herausgegeben von Jeffrey Hopkins. Aus dem Amerikanischen von Burkhard Quessel.
248 Seiten, Leinen.

Ein praxisorientierter Einblick in das faszinierende Gebiet der tibetischen Medizin, die mit ihrem ganzheitlichen Ansatz wertvolle Anregungen für westliche Mediziner und interessierte Laien bietet.

Keith Dowman

Die Meister der Mahamudra

Leben, Legenden und Lieder der 84 Erleuchteten
Aus dem Amerikanischen von Annemarie Dross-Mashayekhi
522 Seiten, Leinen.

Die wichtigsten Lehren des Tantra-Buddhismus, gleichnishaft dargestellt am Leben und Wirken der 84 berühmt gewordenen Meister. Ein Lese- und Lehrbuch, ein Standardwerk zum tantrischen Buddhismus.

Karma Lekshe Tsomo

Töchter des Buddha

Leben und Alltag spiritueller Frauen im Buddhismus heute. Aus dem Amerikanischen vom Übersetzerinnen-Team des Tibetischen Zentrums Hamburg
328 Seiten, Leinen.

Selbstzeugnisse moderner buddhistischer Frauen und Nonnen aus Ost und West, gesammelt anläßlich der 1. Internationalen buddhistischen Nonnenkonferenz 1987 in Indien.

Stufen zur Unsterblichkeit

Tod, Zwischenzustand und Wiedergeburt im tibetischen Buddhismus. Herausgegeben von Lati Rinpoche und Jeffrey Hopkins. Mit einem Vorwort des 14. Dalai Lama. Aus dem Englischen von Matthias Dehne.

Gelbe Reihe Band 41. 160 Seiten, kartoniert.

Geshe Lhündub Söpa/Jeffrey Hopkins

Der Tibetische Buddhismus

Mit einem Vorwort des 14. Dalai Lama. Aus dem Amerikanischen von Burkhard Quessel.

Gelbe Reihe Band 13. 224 Seiten mit 8 Abbildungen, kartoniert.

Namkhai Norbu

Der Zyklus von Tag und Nacht

Die praktischen Übungen des Ati-Yoga. Aus dem Amerikanischen von Jule B. Becker.

Gelbe Reihe Band 84. 152 Seiten mit 4 Abbildungen, kartoniert.

Namkhai Norbu

Der Kristallweg

Die Lehre über Sutra, Tantra und Dzogchen. Herausgegeben von John Shanc. Aus dem Englischen von Eva Pampuch.

Gelbe Reihe Band 81. 224 Seiten, kartoniert.

EUGEN DIEDERICHS VERLAG

Hans Wolfgang Schumann

Der historische Buddha

Leben und Lehre des Gotama

Mit 16 Abb. und Karten, Gelbe Reihe Bd. 73
320 Seiten, kartoniert

Schumanns »Historischer Buddha« hat den Rang eines Standardwerks. Es belegt seine Funde und Einsichten durch eine Vielzahl von Dokumenten, vor allem Pāli-Texte, Topographien und eine exakte Chronologie. Es zeigt uns den Erleuchteten als »Person«. Gotama-Buddhas 80 Lebensjahre werden chronologisch erfaßt, seine Lehre und sein Wirken einprägsam dargestellt.

John Snelling

Buddhismus

Ein Handbuch für den westlichen Leser
Aus dem Englischen von Karl-Heinz Golzio
464 Seiten, Leinen.

Neben einer Einführung enthält dieses unentbehrliche Handbuch eine Übersicht über die buddhistischen Zentren im Westen, ein Who's Who des Buddhismus sowie eine Fülle von inhaltlichen und praxisbezogenen Orientierungshilfen.

EUGEN DIEDERICHS VERLAG